传统文化　小学语文统编教材里的

樊裔华 等 编著
郑　艳　主审

XIAOXUE YUWEN TONGBIAN JIAOCAI LI DE
CHUANTONG WENHUA

上海交通大学出版社
SHANGHAI JIAO TONG UNIVERSITY PRESS

内容提要

　　本书是在上海市名师名校长课题《小学语文统编教材传统文化资源的分析与应用研究》研究成果的基础上编写而成。全书包括课题研究、教学案例与教学路径以及特殊课型教学案例三部分内容。书中不仅有理论研究成果的呈现，而且还有小学语文统编教材传统文化资源的教学案例与教学路径的具体讲解。本书适合小学语文教师和从事基础教育研究的相关人士阅读使用。

图书在版编目（CIP）数据

　　小学语文统编教材里的传统文化/樊裔华等编著
. —上海：上海交通大学出版社，2021.9
　　ISBN 978 - 7 - 313 - 25148 - 0

　　Ⅰ.①小…　Ⅱ.①樊…　Ⅲ.①小学语文课—教材—研究　Ⅳ.①G623.202

　　中国版本图书馆 CIP 数据核字（2021）第 136250 号

小学语文统编教材里的传统文化
XIAOXUE YUWEN TONGBIAN JIAOCAI LI DE CHUANTONG WENHUA

编　　著：樊裔华 等		主　　审：郑　艳	
出版发行：上海交通大学出版社		地　　址：上海市番禺路 951 号	
邮政编码：200030		电　　话：021 - 64071208	
印　　制：上海新艺印刷有限公司		经　　销：全国新华书店	
开　　本：710mm×1000mm　1/16		印　　张：13.5	
字　　数：204 千字			
版　　次：2021 年 9 月第 1 版		印　　次：2021 年 9 月第 1 次印刷	
书　　号：ISBN 978 - 7 - 313 - 25148 - 0			
定　　价：69.00 元			

序

当下，世界呈现政治多极化、经济全球化；国内经济社会转轨转型，深刻变革；现代传播技术迅猛发展，世界范围内各种思想文化的交流、交融、交锋更加频繁，社会思想观念日益活跃。青少年学生思想意识更加自主，价值追求更加多样，个性特点更加鲜明。加强中华优秀传统文化教育，对于引导青少年学生增强民族文化自信和价值观自信，自觉践行社会主义核心价值观具有重要作用。加强中华优秀传统文化教育，是学校培育和践行社会主义核心价值观、落实立德树人根本任务的重要基础。

20 世纪 90 年代以来，我国"一纲多本"时代的语文教科书出版盛景，遮蔽了一个无法回避且未曾深入认识的问题，那就是语文教科书的文化功能——如何合理选择、有效传播中外文化，尤其是中华民族优秀的传统文化。2019 年 9 月，全国统一使用教育部组织编写的义务教育教科书《语文》（以下简称"统编版《语文》"），是近 35 年来我国语文教科书编制和使用的一次巨变。语文教科书是课程内容的重要载体，具有参照性功能、工具性功能、意识形态与文化功能和资料性功能。意识形态与文化功能是教科书最古老的职能，其选文系统蕴含着不同的文化现象，也凝聚着一种价值取向。在中小学生核心素养培育、学科立德树人的履职中，语文教科书责无旁贷地担负起中华民族文化传承与创新的使命。语文教科书在编选传统文化内容时，不仅要从传递的角度来认识或把传统文化理解成传统的知识、技能，而且要关注传统文化的价值成分。但是作为一名基层语文教师，如何确定教科书各板块的文化内容？如何设计基于统编版教科书的文化教学？这是个全新的、富有挑战性的时代课题。

上海市第四期"普教系统名校长名师培养工程"攻关计划主持人樊裔华老师，三年前成功申报了上海市名师名校长课题《小学语文统编教材传统文化资源的分析与应用研究》。这个前瞻性的课题意味着可参考的资源是稀缺的，研究过程也比一般课题要困难。诸如什么是传统文化？如何辨识统编教科书中的传统文化资源？如何整合、归类这些资源？不同类别的文化资源在教学中是否有各自的特点？这些教学特点和语文学科已有的教学论原理是否具有相关性？……这些基于教科书的文化教学基础问题，是"樊老师们"必须直面的、无法回避的难题。在本书的"课题研究"部分，我们可以看到研究的轨迹和课题研究的过程。

世界上有关文化的定义多达三百多种，英国学者爱德华·泰勒首先完整界定了文化："文化是一个复杂的整体，它包括知识、信仰、艺术、道德、法律、风俗以及作为社会成员的人所具有的其他一切能力和习惯。"按照这个界定，统编版《语文》教科书中的每一个板块、每一篇课文，都可以根据课文主题或教学参考书中的情感态度、价值观目标，确定内容所反映的文化现象。民族精神是民族文化的深层内涵，是激励和凝聚一个民族的重要力量。从统编版《语文》教科书各系统资源的文化现象看，自然科学领域的"物质文化"，社会科学领域的"精神文化"，如文学、艺术、民俗，是最能反映一套教科书优秀传统文化内容特质的。樊老师带领课题组经过三轮梳理，厘定了统编版《语文》教科书中传统文化资源271篇，将其分为三大类别：文学类、文字类和插图类；立足"情感态度价值观"维度，明确了教科书文化资源的教学目标（详见书中《小学语文统编教材各年级篇目中华优秀传统文化要素及补充教学目标一览表》）。不仅如此，课题组还提炼了习作教学、口语交际教学和阅读教学领域中传统文化教学路径与实施方案——"教学案例与教学路径""特殊课型教学案例"，如阅读教学领域的童谣、古诗词、寓言、神话、民间故事、文言文，以及识字、成语等文化教学路径与教学案例。上述创新实践研究为小学语文教师基于教科书的传统文化教学提供了范例。

作为课题组的指导专家，我有幸多次参与课题组的活动，耳闻目睹樊老师带领团队脚踏实地的研究历程、规范的文献参阅和扎实的行动研究，三年的创新实践研究成果可谓丰厚。《小学语文统编教材里的传统文化》一书是

兼具理论和实用价值的文化教学研究成果，值得小学语文教师一读并付诸
自己的文化教学实践之中。

董蓓菲

华东师范大学教师教育学院教授、博士生导师

2021 年 5 月于菁英湖

目　录

课题研究

教学案例与教学路径

特殊课型教学案例

课题研究

小学语文统编教材传统文化资源的分析与应用研究报告

在小学语文统编教材①全面推行、传统文化日益被重视的背景下，针对小学语文教师在实际教学中对中华优秀传统文化资源的认识不够深入、教学缺乏实效等问题，课题组充分梳理该领域的研究成果，借鉴经验，摒弃不足，立足当下，扎根课堂，以"利用小学语文统编教材中传统文化资源开展教学基本路径研究"为目标展开研究。课题组认真学习，充分实践，主动质疑，请教专家，勤于反思，梳理并分析了小学语文统编教材中的中华优秀传统文化资源，分析其传统文化要素，厘清其形式与类别，并制定每一个资源"情感态度价值观"层面的教学目标，使之成为教学参考用书的有力补充。课题组选择其中具有典型意义的传统文化资源开展教学实践研究，在充分实践的基础上结合专家指导意见形成教学案例与教学路径。通过研究，教师对传统文化的认知力与实践能力均有提高，学生对中华优秀传统文化的亲切感、认同感、自豪感不断增强。

一、研究针对的问题、目标与内容

（一）研究针对的问题

适逢统编版教材在国内全面推行，语文教材总主编温儒敏教授提出，新教材编写要注意把能体现社会主义价值观，特别是中华优秀传统文化和革命传统教育的内容，融入到教材的诸多方面②。小学语文统编教材中有古诗文 129 篇，总体占比 30% 左右，但教师在实际教学中对中华优秀传统文化资源的认识不够深入，导致传统文化的教学缺乏实效。目前主要存在如下

---

① 本书中的"小学语文统编教材"是指人民教育出版社出版的《义务教育教科书（五·四学制）语文》（一～五年级）教材。——编著者
② 温儒敏. 部编义务教育语文教科书的七个创新点[J]. 小学语文，2016(9).

问题：

1. 忽视基于教材的传统文化资源的开发与运用

《完善中华优秀传统文化教育指导纲要》中指出，小学低年级，要以培育学生对中华优秀传统文化的亲切感为重点，开展启蒙教育，培养学生热爱中华优秀传统文化的感情。小学高年级，以提高学生对中华优秀传统文化的感受力为重点，开展认知教育，了解中华优秀传统文化的丰富多彩。教师在教学实践中容易忽视对教材中传统文化资源的开发与运用。

2. 缺失传统文化资源的课堂教学路径

于漪老师指出："没有民族文化的根底，语言文字只在浅层次上漂浮，学生的语文水平难以真正提高。"[①] 长久以来，语文教学因缺少文化底蕴而饱受诟病。在传统文化教学中，教师普遍缺少方法上的参考借鉴，因此，传统文化教学成果亟待大范围推广。

3. 教师的中国优秀传统文化基础知识有待充实

如何应用小学语文统编教材中的传统文化资源，发挥其最大价值，是当前教学实践亟待解决的问题。业界认为小学语文教师传统文化底蕴不够深厚，相关方面的培训也比较欠缺。这样的现状亟待改善。

（二）研究的目标

利用小学语文统编教材传统文化资源开展教学基本路径研究。

（三）研究的内容

1. 小学语文统编教材传统文化资源的内容分析

梳理小学语文统编教材中的传统文化资源，厘清小学语文统编教材中传统文化资源的形式与类别，分析不同资源分类的内涵及教学目标。

2. 小学语文统编教材传统文化资源的类型研究

在传统文化资源分析的基础上，按照传统文化要素、传统文化形式对这些资源进行类型研究，探索不同类型、不同形式的传统文化资源的教学路径，逐步构建这些资源的研究蓝图。

3. 小学语文统编教材传统文化资源的教学路径提炼

依托实践，探索不同类别传统文化资源的基本教学方法，并在教学实践

---

① 于漪. 培养语文素质的沃土[J]. 学科教育，1996(6).

中不断调整、修正、完善,最终形成稳定的、可借鉴的教学路径。

4. 利用小学语文统编教材传统文化资源开展教学的案例研究

案例研究涉及小学语文统编教材各类传统文化资源、各个年段、各类课型,还包括课题研究前后学生对传统文化的情感、态度、价值观的变化,教师专业成长的状态变化,进而验证传统文化资源实践的价值。

(四) 核心概念界定

1. 传统文化

1) 传统文化的内涵

细致分析传统文化,可从字面上分解为"传统"与"文化"两个层面来理解。

语文教育家顾黄初先生曾论述:"传统,本来就是一个模糊概念,按照字面理解,传统是指历久沿袭下来,具有某种特点的观念和做法,它体现在许多社会因素中,风俗、道德、制度以及文艺、教育、学术研究等等。"[①]张岱年先生在《中国文化概论》中写道:"所谓传统,不外是历史上形成的、具有稳定的组织结构和思想要素的、前后相继的、至今仍然影响着人们的思维方式、价值观念、审美情趣、道德风尚等深层文化的社会心理和行为习惯。"[②]基于此,本研究涉及的"传统"界定为:自古至新文化运动开启为止的中国历史时期中形成的,流传至今的,影响华夏民族思维方式、价值观念、审美情趣、道德风尚等深层文化的社会心理和行为习惯。

"文化"一词,最早出现在西汉刘向所著的《说苑》中,表述为:"圣人之治天下也,先文德而后武力。凡武之兴,为不服也,文化不改,然后加诛。"刘向所述的文化意指"文治教化。"而今天所说的"文化"与上述定义存在一定区别。当今中外学者对于文化的研究日益充盈,有关"文化"的定义众说纷纭。梁漱溟先生在《中国文化要义》中写道:"文化,就是吾人生活所依靠之一切。"[③]美国文化学者 A. L. 克罗伯(A. L. Kroeber)和克莱德·克拉克洪(Clyde Kluckhonn)在《文化:概念和定义的批评考察》一书中统计,世界各地学者对文化的定义有 170 多种。"文"的本意是各色交错的纹理,《礼记·

---

① 顾黄初.语文教育论稿[M].北京:人民教育出版社,1994:28.
② 张岱年,方克立.中国文化概论[M].北京:北京师范大学出版社,2004:286.
③ 梁漱溟.中国文化要义[M].上海:上海人民出版社,2018:009.

乐记》有"无色成文而不乱"的表述。以这样一种本义为基础出现了后来的诸多引申含义。生成、造化是"化"的本义,《礼记·中庸》有"可以赞天地之化育"的表述。西汉以后,"文""化"合并为独立词使用。一般来说,我们将文化简述为"人类在社会实践中所创造的物质成果和精神成果的总和,包括物质文化、制度文化、精神文化等"。无论是物质文化还是精神文化,其中都隐含着思想、情感、意志等精神因素。所以,文化可以狭义地理解为社会意识形态,如哲学、道德、历史、科学、文学、艺术等内容。本课题所涉及的文化主要立足于文化的狭义理解展开论述。

综上所述,本课题所研究的传统文化特指李宗桂提出的"中华民族传统文化是中华民族长期发展过程中形成的,有着积极的历史作用,至今具有重要价值的思想文化"①。

2) 传统文化的要素

党的十八大以来习近平总书记发表了数次关于弘扬中华优秀传统文化的重要讲话,教育部颁布了数份关于传统文化的文件。本课题主要以教育部《完善中华优秀传统文化教育指导纲要》为依据,明确传统文化的要素包括三个方面②:

第一,以"天下兴亡、匹夫有责"为重点的家国情怀。所谓家国情怀是中华儿女对祖国共同体的一种认同,并促使其发展的思想和理念。它主要体现在民族文化与民族认同中。民族文化指华夏民族在其历史发展过程中创造和发展起来的具有本民族特点的文化,其中包括物质文化和精神文化;民族认同指中华儿女以祖国的繁荣为最大光荣,以国家的衰落为最大耻辱,深植爱国情感,树立民族自信,形成为实现中华民族伟大复兴的中国梦而不懈努力的共同理想追求,做有自信、懂自尊、能自强的中国人。

第二,以"仁爱共济、立己达人"为重点的社会关爱。所谓社会关爱是个人与他人、个人与社会、个人与自然的和谐关系,具有集体主义精神和生态文明意识,具有高素养、讲文明、有爱心的品质。它主要体现在传统礼仪与中华美德中。传统礼仪指中国传统的礼节和仪式;中华美德指华夏民族大

---

① 李宗桂.试论中华优秀传统文化的内涵[J].学生研究,2015(11):38.
② 教育部.完善中华优秀传统文化教育指导纲要[EB/OL].http://www.gov.cn/xinwen/2014-04/01/content_2651154.htm.2014-04-01/2020-08-22.

众所推崇的高尚道德行为。

第三,以"正心笃志、崇德弘毅"为重点的人格修养。所谓人格修养指个人在对人、对事、对己等方面的社会适应中行为上的内部倾向性和心理特征的综合素质。它主要体现在行为习惯与良好品质中。行为习惯指中华民族在悠久的历史过程中形成的良好的行为与习惯;良好品质指在历史长河中中华民族长期践行的,包括人的素质、健康、智商、情商、逆商和知识、文化素养,最终沉淀形成的一种良好素养。

二、国内外研究综述

本课题旨在分析小学语文统编教材传统文化资源,探究其对于语文教学实践的积极促进作用。本着这样的目的,基于课题研究的主要内容,课题组对目前国内外已有的研究成果进行了筛选、梳理与分析。

(一)国外研究综述

世界各国都非常重视青少年的传统文化教育,并根据本国实际探索实施传统文化教育的有效路径。日本非常重视培养青少年对待母语的态度,教育学生热爱日语;[①]新加坡在把双语教育作为三大基础教育政策之一的同时,在华裔中重视华语教育,包括语言基础、技能训练,并遵循"文以载道"的原则在华文教材中反映华裔的文化与传统价值观、华人的奋斗史,以及中国古代的神话、音乐、戏曲等,使学生认识华裔文化,从而增强华裔学生的民族自尊心和民族自豪感;[②]泰国教育界把能否欣赏和保护民族的艺术文化作为公民的基本素质来培养;英国十分强调对本国名著的阅读,通过学科教育体现英国传统文化内容;[③]法国强调对拉丁语的学习,他们在小学五年级开设拉丁语课,因为法语的前身是拉丁语,这实际上也是在强调对母语、传统语言的掌握;美国在高中开设"美国文化"课;等等。[④]

这些国家高度重视民族传统文化教育的态度值得学习。我们应认真分

---

① 孙正林.中国优秀传统文化教育研究论述[J].黑龙江高教研究,2014(9):106-109.
② 徐悦仁.新加坡教育与儒家文化[J].西安电子科技大学学报(社会科学版),2000(4):95-97.
③ 王璐,尤铮.英国传统文化教育[J].比较教育研究,2014(6):18-22.
④ 孙正林.中国优秀传统文化教育研究论述[J].黑龙江高教研究,2014(9):106-109.

析我国深厚文化内涵的优势和对其运用上的不足，从本国实际出发，在学习和借鉴的基础上，借助小学语文统编教材，探索符合国情的、适合小学生身心特点的传统文化教育方式。

（二）国内研究综述

1. 关于语文学科传统文化资源的研究

语文课程作为母语课程，在引领学生继承和弘扬传统文化方面有着不可替代的作用。当前，已有研究通过内容分析法来梳理语文教科书中的传统文化。崔峦在《语文教科书中的中华传统文化》中指出语文教科书反映中华传统文化主要体现在汉语言文化、古代文学作品、艺术与文化交流、历史名人故事、风景名胜和节日民俗等方面。[①]　孟繁岩[②]、郑芳和陈玉秋[③]、金铭[④]、李墨[⑤]提出了各自的分析框架、研究方法和研究结论。上海市教育科学研究重点项目"中小学课程与教学彰显中华传统文化研究与实践"课题组形成了人教版《小学语文学科各年级篇目中华优秀传统文化教育目标描述一览表》。[⑥]　除此之外，郑新丽[⑦]把七、八年级统编语文教材中的传统文化资源分为九大类。牛树林[⑧]则对整个小学阶段语文教材的传统文化类选文作了不同的分类，从教材中传统文化要素的构成进行研究。吴素红[⑨]和张敏华[⑩]的研究，对教材传统文化要素的划分更为细致，前者以小学语文统编教材二年级上册为例，主要研究古诗、四字词语、俗语名言等九个方面；后者以一年级教材为例，研究教材中的插图、选文、识字材料。这些研究都对本课题中

---

① 崔峦. 语文教科书中的中华传统文化——在第三届"两岸三地"教学观摩交流会上的专题发言[J]. 小学语文教学，2005(2)：4 - 6.

② 孟繁岩. 人教版初中语文教科书中传统美德教育内容分析与评价[D]. 东北师范大学，2006.

③ 郑芳，陈玉秋. 中华传统旗帜下的台湾《国文》教材[J]. 中学语文教学，2000(02)：61 - 63.

④ 金铭. 台湾地区"国小"社会科中传统文化的继承[D]. 陕西师范大学，2012.

⑤ 李墨. 八套小学《语文》教科书中传统文化教育要素的比较研究[D]. 浙江师范大学，2013.

⑥ 上海市教育委员会教学研究室组编. 和·合——中小学课程与教学彰显中华优秀传统文化研究报告[R]. 上海：华东师范大学出版社，2017：10 - 11.

⑦ 郑新丽. 教育部审定语文教科书传统文化要素选编分析——以已出版的七、八年级语文教材为例[J]. 教育导刊. 2018(08)：42.

⑧ 牛树林. 小学语文教材中传统文化类选文的编排与分析[J]. 教学与管理. 2017(12)：53 - 55.

⑨ 吴素红. 基于传统文化层面的低年级语文教学探索——以统编教材的教学为例[J]. 小学教学参考. 2018(05)：13.

⑩ 张敏华. 最炫中国风——统编教材中传统文化元素探微[J]. 小学语文. 2017(01).

传统文化资源类型的界定有着积极的参考意义。

2. 关于教材传统文化资源的课堂教学实践研究

近几年各地区各学校都将传统文化教育纳入到教学和活动中去。教育界涌现出一批值得借鉴的课堂教学实践案例，本课题对于比较有代表性的几个模块进行了研究：

1）关于小学语文古诗词的课堂教学研究

古诗词是中华民族艺术宝库中的一颗璀璨明珠，是我国传统文化的精髓，小学语文统编教材将大量优秀古诗词编排入册，旨在让古诗词这一传统文化资源滋养润泽学生的精神世界，丰厚学生的文化底蕴。课题组以"古诗词"为关键词，以"小学语文教学"和"统编教材"为包括项，在中国知网检索期刊、硕博论文，分析筛选后共得到相关文章 20 篇。研究者都是一线语文教师，他们普遍认为古诗词教学对传承传统文化有着重要的作用，并从古诗词的文体特点出发，结合学生的年龄特点和认知规律，探索出优化古诗词教学的方法与策略。杨志宏[1]、罗勤勤[2]认为古诗教学要找准着力点：一是结合注释、图片、典故等资源理解诗意；二是要应用情境教学，通过抓住意境、反复诵读、再造古诗的情境和形象等手段，帮助小学生理解古诗的中心思想。梁燕[3]、李朝飞[4]两位老师分别以低段和中高段古诗词教学作为研究对象，根据不同学段的古诗词特点及教学要求，从实践中提炼、梳理、总结相应的教学方法。

2）关于小学语文寓言故事的课堂教学研究

寓言借助言简意赅的故事来寄托意味深长的道理，给人以启示。小学语文统编教材中也收录了不少寓言故事。课题组以"寓言"为关键词在中国知网检索，发现研究者多为一线语文教师和教育硕士，他们从寓言教学的现状入手，各自提出了寓言故事的教学方法。谭艳梅[5]认为在小学语文寓言学

---

① 杨志宏.创设教学情境　优化古诗教学[J].课程教育研究,2019(40)：161 - 162.
② 罗勤勤.把握主旨　找准着力点　发挥想象——统编教材五年级下册第四单元《古诗三首》教学思考[J].小学教学参考,2020(07)：4 - 5.
③ 梁燕.探究低年级语文课本中古诗学习的智慧方法[J].小学教学研究,2019(18)：59 - 61.
④ 李朝飞.在小学中高年级古诗词教学中探索立德树人的策略研究[J].中国教育学刊,2019(S2)：125 - 126.
⑤ 谭艳梅.启发式教学在小学语文寓言教学中的运用[J].基础教育研究.2018(08).

习过程中,要善于运用启发式教学,让学生懂得寓言故事中蕴含的深刻道理。夏琳①认为寓言可以尝试整体感知理情节、研读文本解内涵、感悟明理揭寓意、关注表达品美点、联系生活促提升的五步教学法进行教学。李俊②则提出,小学语文寓言和童话教学必须以学生为主体,通过表演、分析的方式带领学生领会寓言寓意,通过改编戏剧和激发想象的方式引导学生领会童话内涵。除此之外,更多一线教师也对自己的教学经验进行了总结分析,大多是按照"案例展示—分析优缺点—教学策略"三步来进行论述,有的则直接提出策略,再用案例来说明。

3) 关于小学语文识字的课堂教学研究

汉字作为了解、认识中华传统文化的桥梁,它的重要性不言而喻。课题组以"识字教学"为关键词在知网检索近十年的期刊及硕博论文,经过分析发现对于"识字教学"的研究总体呈逐年递增的趋势,再进一步对这些研究成果进行主题分析得知,在识字教学中研究者关注的焦点多为"识字方法""识字兴趣"以及"识字能力"的培养。从传统文化这一角度进行"识字教学"的研究成果少之又少。其中,大部分研究者认为基于传统文化研究识字教学很有必要。苏廷芳③认为在小学语文识字教学过程中,将中华优秀传统文化渗透其中,充分发挥识字教学的直观性、趣味性和形象性,可有效调动学生的学习积极性。任芳芳④主张识字教学要根据汉字意境美、韵律美、民俗美的特点,采取"望"而体境、"闻"而生欲、"问"而生爱、"切"而生根的教学策略。张慕玲⑤、左海电、曾雯⑥等人则以小学语文统编教材一年级课文为例提出结合蒙学读物,将识字教学与经典诵读相结合的方法。除了结合传统文化提出教学策略外,还有部分研究者以文化传承的角度说明识字教学的重要性。这些都从传统文化的角度对识字教学提出了可供参详的方法,但至

---

① 夏琳. 小学语文寓言文体阅读教学[J]. 宁波教育学院学报[J]. 2017(06).
② 李俊. 小学语文寓言与童话教学策略[J]. 语文教学通讯·D刊(学术刊),2016(07):48-49.
③ 苏廷芳. 传统文化在小学语文识字教学中的渗透策略[J]. 青海教育,2020(03):39.
④ 任芳芳. 把脉汉字教学,凸显中国意趣——浅谈部编教材一年级下册识字教学[J]. 小学教学参考,2017(01):4-6.
⑤ 张慕玲. 传统文化下小学语文识字教学探索[J]. 课程教育研究,2019(33):40-41.
⑥ 左海电,曾雯. 例谈识字教学与经典传承——基于统编版一(下)《古对今》教学设计[J]. 教育视界,2019(02):32-35.

今为止还缺乏比较明晰的教学路径,多是宏观的教学原则。

4) 关于小学语文神话与民间故事的课堂教学研究

神话和民间故事是小学语文阅读教学的重要组成内容,是传统文化的重要载体。它们因其独特的文体特点,深受儿童喜爱。课题组以"神话教学"或"民间故事"为关键词在知网检索期刊及硕博论文,经筛选得到与统编教材教学实践相关联的文章 8 篇。经研究分析发现这些文章多为一线教师基于教学实践的经验总结。石春业①分析了神话类课文的主要特征,以主要特征作为教学的依据,提出"紧扣主题,体会神话文字的魅力""激发想象,感受神话人物的形象""创设情境,增加学生的亲身感受""课堂拓展,丰富神话知识的积累"等教学方法。王林慧②从教学实际出发,针对教师往往采用千篇一律的课文式教法,未能发掘出神话和民间故事文本的教学价值这一问题进行研究。

3. 对已有研究的述评

通过对已有文献的梳理,可以发现各种教学方法、教学实验如雨后春笋,对统编教材的研究也越来越深入,但透过这繁荣发展的表象,课题组发现,现有的小学语文中华传统文化教学的过程少了一些章法,忽视了不同年段的儿童对传统文化不同的感知力。小学低年级教学时应主要以培育学生对中华优秀传统文化的亲切感为重点;小学高年级以提高学生对中华优秀传统文化的感受力为重点,带着学生感受中华优秀传统文化的丰富多彩。已有的研究多从个例的角度出发,一管难窥全豹,这也为本课题的研究提供了着重思考的空间。

三、研究过程与方法

本课题以中共中央办公厅、国务院办公厅印发的《关于实施中华优秀传统文化传承发展工程的意见》为指导思想,以上海市级攻关计划成员、区级学科骨干团队以及攻关计划实验学校三个团队为依托,分析五·四学制小学语文统编教材中的传统文化资源,采用文献研究、问卷调查、案例分析与

---

① 石春业.分析小学语文神话类故事课文研究教学模式[J].课程教育研究,2019(46):129 - 130.
② 王林慧.小学民间故事和神话的教学价值及教学策略[J].基础教育参考,2017(09):61 - 62.

行动研究等方法，开展课题应用研究。具体如图 1 所示。

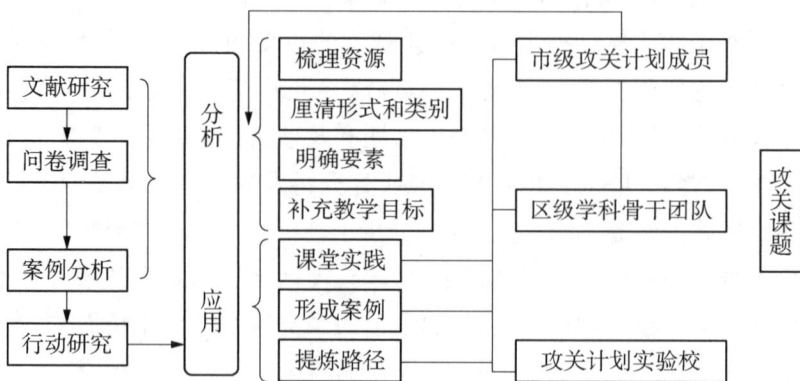

图 1　研究过程与研究方法

（一）分析教材资源，指明研究方向

1. 展开文献梳理，分析教材资源

研究初期，课题组在认真研读了党的十八大以来习近平总书记数次发表的关于弘扬中国传统文化的重要讲话以及教育部颁布的数条关于传统文化的文件后，潜心钻研教材，根据传统文化的定义，梳理了五·四学制小学语文统编教材，共梳理出 271 篇传统文化资源的文章。

2. 深入文献分析，厘清形式和类别

对梳理出的文献资料进一步分析后，课题组进一步明晰了优秀传统文化资源的形式和类别，将传统文化资源分为三大形式十一种类别。三大形式分别是文学类、文字类、插图类。文学类分为诗歌、小说、散文三种类别，文字类分为汉文字、成语、名言警句、谚语、绕口令、谜语、对联、文化常识八种类别。

3. 实施文献研究，明确文化要素

通过专家指导，课题组发现仅根据传统文化的类别来进行研究过于简单，缺少研究性与创造性，应提炼传统文化要素，按传统文化要素对教材中的传统文化资源进行分类更有指导意义。课题组开展传统文化要素相关的文献资料的搜集、整理、分析，进一步厘清中华优秀传统文化概念的内涵和外延，以教育部《完善中华优秀传统文化教育指导纲要》为依据，明确本研究

中传统文化要素包括三个方面,即家国情怀、社会关爱、人格修养,其中家国情怀包括民族文化和民族认同,社会关爱包括传统礼仪和中华美德,人格修养包括行为习惯和良好品质。

4. 聚焦"情感态度价值观",补充教学目标

小学语文统编教材采用"双线组元"的方式,按照人文主题组织单元结构,同时以语文要素引导整个单元的学习。但《教师教学用书》中的教学目标缺乏对"人文主题"的描述。因此,本课题对传统文化资源教学目标的表述从研究初期的和《教师教学用书》保持一致,到研究中期变为聚焦"情感态度价值观",凸显儿童对传统文化的体验,期待能成为小学语文统编教材《教师教学用书》中教学目标的有力补充。经专家指导,课题组反复研讨,确定了每一个传统文化资源的补充教学目标。

(二)应用教材资源,实施行动研究

1. 课堂教学实践

在专家的引领下,课题组明确要对梳理出的传统文化资源进行类型化研究,按照资源的文化要素、年段、课型等不同侧重点,探索一类文化资源的研究范式,使研究真能起到示范性作用。因此课题组选择典型资源在基地实验学校以及区域范围内进行行动研究,共开展了近20次课堂教学实践,涉及古诗词、童谣、寓言故事、民间故事、神话故事、汉语言文字等多种类别,在区内辐射范围极广。每次教学实践活动都是在团队研磨精思的基础上邀请专家指导,课题组对课题研究的认知不断提升。

2. 形成教学案例

在实践探究的基础上,课题组依托市教委教研室专家、华东师范大学教授以及市内外知名特级教师的指导,不断反思、研讨,形成了丰富的教学案例。教学案例从案例背景、案例描述和案例反思这三个方面来撰写。案例背景侧重对该篇教学资源中传统文化要素的分析;案例描述主要选取课堂教学案例中的典型片段,以教学实录及专家点评的方式呈现;案例反思是结合专家意见进一步反观一类传统文化资源的教学,力求不断优化。每个案例既有对优秀传统文化资源课堂教学的前置性设想,又有后续性思考。

3. 提炼教学路径

在教学案例的基础上,课题组孜孜探求,提炼出不同类别传统文化资源

的基本教学路径。共性教学路径是"情境创设—品味语言—适度补充"。中华优秀传统文化年代久远,学生对之存有陌生感,首先要创设情境,缩小学生与传统文化的距离;教学中,读是第一要义,其次要品味语言,提升学生对传统文化的感受力;还须明确传统文化的学习不仅仅局限于教材中的传统文化资源,可以教材为依托,结合学生实际和课文内容,适度补充相关资源,不断开阔学生的传统文化视野。个性教学路径是根据教学实践,按体裁进行提炼;对"习作"和"口语交际"两个比较特殊的课型也做了案例研究。

课题研究在细致分析与深入应用中不断推进,由市、区级团队领衔,进一步为研究指明方向,奠定了研究的基础,再由基地实验学校逐步辐射到区域内其他学校,加深了对教材中传统文化资源应用的认识。

四、成果的主要内容

经过一年多的研究,课题组对小学语文一至五年级统编教材中的中华优秀传统文化资源进行要素分析,研定每一个资源"情感态度价值观"层面的教学目标,并选择其中典型的资源进行课堂教学实践研究,形成案例,提炼路径(见图2)。

(一)梳理资源,明确要素,厘清形式和类别

中国优秀传统文化源远流长,博大精深,为了更好地弘扬优秀传统文化,凸显其浸润作用,首先要清晰地认识传统文化,不仅仅包括对内涵的理解,还包括对传统文化要素的明确,对传统文化形式和类别的明晰,这样才可以更好地和教学实践相融合,使育人功能更加凸显。

1. 明确传统文化要素

党的十八大以来习近平总书记数次发表了关于弘扬中国传统文化的重要讲话,教育部颁布了数条关于传统文化的文件。本课题研究主要以教育部《完善中华优秀传统文化教育指导纲要》为依据,明确本研究中传统文化要素包括三个方面,即家国情怀、社会关爱和人格修养,其中家国情怀包括民族文化和民族认同,社会关爱包括传统礼仪和中华美德,人格修养包括行为习惯和良好品质。

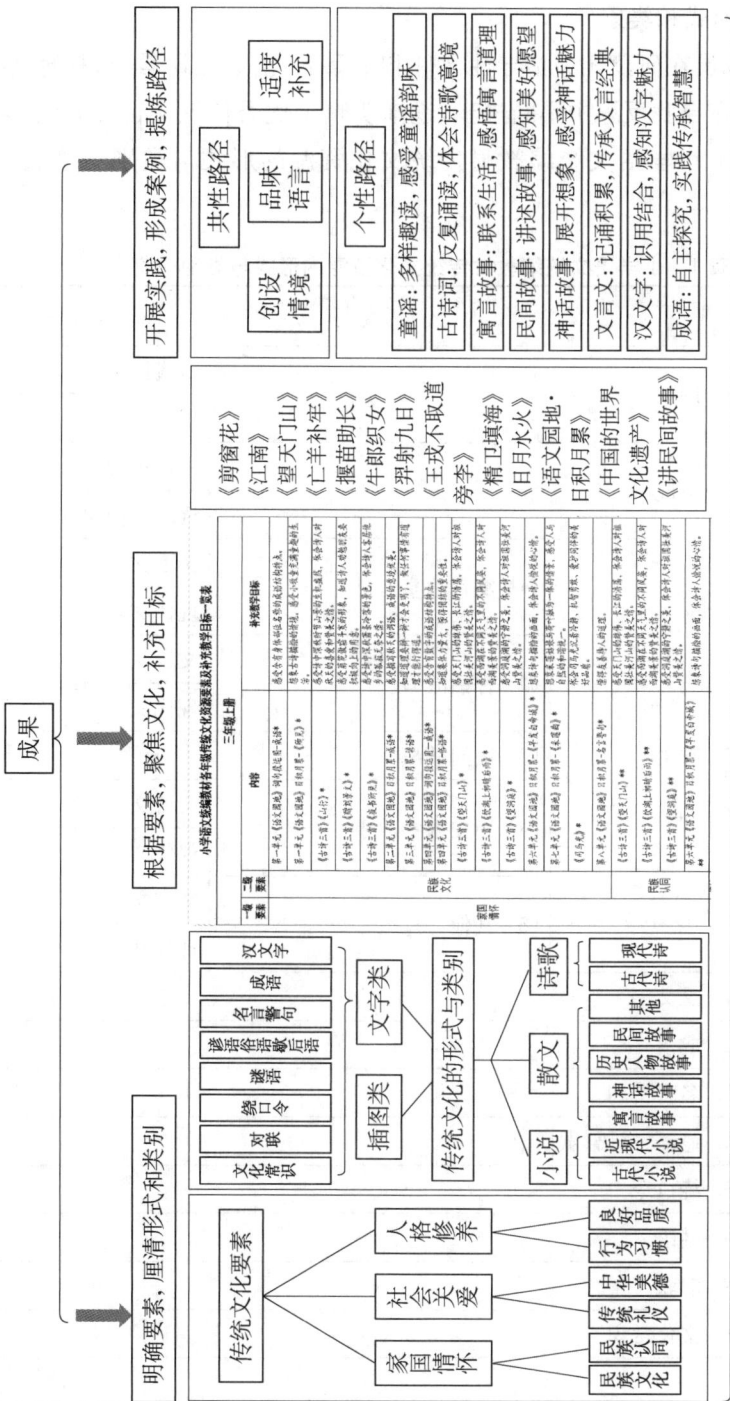

成果

明确要素，厘清形式和类别

传统文化要素
- 人格修养
- 社会关爱
- 家国情怀
- 良好行为习惯品质
- 中华美德
- 传统礼仪认同
- 民族文化认同

传统文化的形式与类别
- 文字类
  - 文化常识
  - 对联
  - 绕口令
  - 谚语俗语歇后语
  - 名言警句
  - 成语
  - 汉字
- 插图类
- 散文
  - 神话故事
  - 寓言故事
  - 历史人物故事
  - 民间故事其他
- 诗歌
  - 古代诗词
  - 现代诗
- 小说
  - 古代小说
  - 近现代小说

根据要素，聚焦文化，补充目标

小学语文统编教材各年级传统文化资源要素及补充教学目标一览表

三年级上册

开展实践，形成案例，提炼路径

共性路径
- 创设情境
- 品味语言
- 反复诵读，感受童谣韵味

个性路径
- 童谣：多样感读，感受童谣韵味
- 古诗词：反复诵读，体会诗境
- 寓言故事：联系生活，感悟寓言道理
- 民间故事：讲述故事，感知美好愿望
- 神话故事：展开想象，感受神话魅力
- 文言文：记诵积累，传承文言经典
- 汉文字：识用结合，感知汉字魅力
- 成语：自主探究，实践传承智慧

- 适度补充

《剪窗花》
《江南》
《望天门山》
《亡羊补牢》
《揠苗助长》
《牛郎织女》
《羿射九日》
《卫戍不取直》
芳李
《精卫填海》
《日月水火》
《语文园地》
日积月累
《中国的世界文化遗产》
《讲民间故事》

继承并弘扬中华传统文化

图 2 课题研究中期成果

2. 厘清形式和类别

课题组成员在研读相关指导性文件和书籍后,潜心钻研教材,梳理传统文化资源,并在自我反思中不断进步,逐渐明晰了优秀传统文化资源的形式和类别,确定了小学语文统编教材传统文化资源的形式与类别一览表(见表1)。

表1　小学语文统编教材传统文化资源的形式与类别一览

形式	类别		
文学类	1. 诗歌		古代诗
			现代诗
	2. 小说		古代小说
			近现代小说
	3. 散文	(1) 寓言故事	文言文
			现代文
		(2) 神话故事	文言文
			现代文
		(3) 民间故事	
		(4) 历史人物故事	文言文
			现代文
		(5) 其他	文言文
			现代文
文字类	1. 汉文字		
	2. 成语		
	3. 名言警句		
	4. 谚语、俗语、歇后语		
	5. 绕口令		
	6. 谜语		
	7. 对联		
	8. 文化常识		
插图类			

（二）根据要素，聚焦文化，补充目标

课题组根据小学语文统编教材传统文化资源要素，兼顾"传统文化资源的形式与类别"，进行分析研究。聚焦"情感态度价值观"，确定每一个资源的体验类目标，目标的描述注重凸显传统文化资源的地位和价值，充分发挥传统文化资源的浸润作用，达到文化育人的效果，形成小学语文统编教材各年级篇目中华优秀传统文化要素及补充教学目标一览表（见本研究报告后附件）。

（三）开展实践，形成案例，提炼路径

课题组成员在华东师范大学董蓓菲、王意如等教授的指导下，进一步明晰了中华优秀传统文化的概念界定，解决了课题研究过程中的一些困惑。当代教育家成尚荣先生受邀作《让中华优秀传统文化润泽童心》的主题报告，课题组成员深刻认识了"立德树人"是弘扬中华优秀传统文化最具中国特色的路径。在专家的指导下，课题组选择典型资源进行课堂教学实践，共开展了20多次教学实践。

在教学实践的基础上，课题组成员根据专家点评进行反思，从案例背景、案例描述和案例分析三个方面撰写课堂教学案例，对优秀传统文化资源的课堂教学既有前置性设想，又有延续性思考，提炼优秀传统文化资源的基本教学路径。课题组在归纳、提炼的过程中，发现不同类别传统文化资源的教学既有共性路径，也有个性特点。

1. 共性教学路径

1）基于文本研究，优化情境创设

传统文化年代久远，学生对之存有陌生感。在教学实践中，教师借助活泼生动的语言，契合文本的音乐、图片等方式来创设情境，让文本内容可感可观，融情于境，情境交融，拉近学生与传统文化的距离。

如在汉乐府诗《江南》教学中，教师带着学生欣赏江南美景图，倾听歌唱版《江南》，配乐读古诗，着力"造境"，激发学生的想象和联想，让学生明心见性，感受画面，体会意境（见图3）。

在童谣《剪窗花》的教学中，教师创设真实的体验情境，激趣引入；通过现场剪窗花让学生感受窗花之美；以贴窗花的方式让学生触摸传统文化（见图4）。

图3　《江南》教学示意

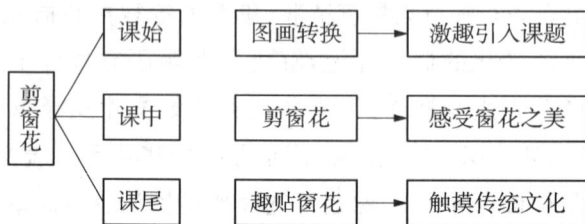

图4　《剪窗花》教学示意

文本内容不同、体裁不同，创设的情境不同，但所创的情境都要立足于拉近学生与传统文化的距离。

2）多种形式细读，品味语言芬芳

读，是语文学习的第一要义。读，能让学生亲近文本角色，融合作者思路，感悟人物内心，把握文本深意。在教学实践中，教师以读贯之，在读中提升学生对传统文化的感受力。

在寓言故事教学中，教师带着学生反复读寓言，品故事，在读中自然而然悟得道理。在汉乐府诗《江南》的课堂实践中，设计层层推进的朗读，从中得音、得韵、得画、得味，进而入情、入境、入心，感受诗歌的魅力。在教学民间故事《牛郎织女》时，教师引导学生在读中梳理人物关系，厘清故事情节；以读激发想象，讲述民间故事。在《剪窗花》的教学中，师生一起以多种方式读童谣，在反复诵读中感悟童谣的节奏感和韵律美。以上案例教学如图5所示。

文言文、口语交际、习作等几个特殊课型，同样也注重读。《口语交际·讲民间故事》中，教师布置前置性作业——熟读自己要讲述的民间故事，为

图5 教 学 示 意

后面讲述故事打下基础;《习作——中国的世界文化遗产》,学生在习作前要有目的地阅读、整理相关资料;文言文的学习更离不开读:读正确、读通顺——借助注释、插图读懂课文内容——诵读中感悟人物形象、体会文章主旨,这样的读从易到难,层层递进。

3) 巧用教材资源,适度拓展补充

传统文化的学习不仅仅局限于教材中的传统文化资源,教学中,可以教材为依托,结合学生实际和课文内容,适度补充,不断开阔学生的传统文化视野。如在汉乐府诗《江南》教学中,教师通过展示汉文字的演变,让学生在识字过程中,形象地体会汉文字的魅力(见图6),并引导学生了解、朗读更多的汉乐府诗。在古诗《望天门山》的教学中,补充诗人经历、写作背景,让学生视野更开阔,感受更深刻。在寓言故事教学中,可以推荐学生阅读《中国古代寓言故事》,启发学生在更为广泛的阅读中悟得做人的道理。《剪窗花》一课学完后,拓展两首与之相关联的童谣,引导学生继续读童谣,感受童谣的魅力。

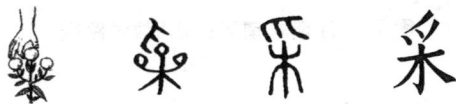

图6 汉字"采"演变

2. 个性教学路径

1) 童谣：形式多样地趣味朗读

童谣是一种流传广泛、通俗易懂的语言形式，读起来朗朗上口，深受儿童喜爱。如《剪窗花》，短小而意丰，句式整齐，韵脚反复出现，体现出中华民族厚重的历史感和浓郁的时代气息。教学中，可组织多种形式的趣味朗读，让学生在读中感知节奏韵律，感受童谣的趣味，激发起学习的愉悦感与浓厚的阅读兴致，进而对童谣这类文本、对"剪窗花"这项传统民间艺术产生强烈的兴趣，愿意主动去亲近、探索、实践。多样趣读，是彰显童谣韵味的一条有效路径。

2) 古诗词：由表及里地反复诵读

古诗词语言精炼、意蕴丰富，饱含着先贤哲人的智慧与情感，是中华优秀传统文化的精华，承载着中华民族几千年的文明，直至今日仍然散发着无限的魅力。

一至五年级语文统编教材中，选编的汉乐府古诗、南北朝民歌、绝句以及律诗，无不描绘了优美的画面，营造了独特的意境，表达了诗人独有的情感。课题组选择了汉乐府诗《江南》和绝句《望天门山》进行教学实践，探索古诗独具个性的教学路径，发现反复诵读是教学这类文本的有效手段。

教学古诗《江南》《望天门山》时，从读正确、读通顺、读有节奏，到读中理解诗意，最后反复诵读体会诗人情感，感受诗歌意境。学生在反复诵读中领略诗歌意蕴，丰富情感体验（见图7）。

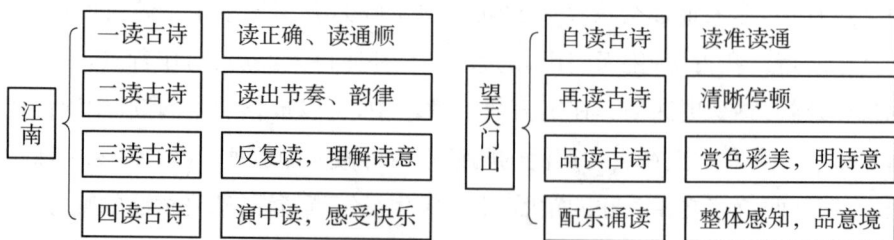

江南		望天门山	
一读古诗	读正确、读通顺	自读古诗	读准读通
二读古诗	读出节奏、韵律	再读古诗	清晰停顿
三读古诗	反复读，理解诗意	品读古诗	赏色彩美，明诗意
四读古诗	演中读，感受快乐	配乐诵读	整体感知，品意境

图7　《江南》《望天门山》教学路径

3) 寓言故事：由文及己地联系生活

寓言是一种以故事形式为主体的文学体裁，其中蕴含着深刻的道理，给人以启迪和思考。作为中华优秀传统文化中的精粹,寓言故事所具备的育人价值独树一帜。课题组深入分析了《亡羊补牢》和《揠苗助长》这两个文本,它们具有共同的教学目标"初步体会寓言所蕴含的道理",达成目标的路径即寓言故事教学的基本路径:从揭示课题开始,再了解故事内容,交流寓言蕴含的道理,最后联系生活实际谈谈感想(见表2)。

表 2 《亡羊补牢》《揠苗助长》教学目标及路径分析

类别	《亡羊补牢》	《揠苗助长》
教学目标	会讲"亡羊补牢"这则寓言故事,结合生活初步体会"亡羊补牢"所蕴含的道理。	会讲"揠苗助长"这则寓言故事,结合生活初步体会"揠苗助长"所蕴含的道理。
教学流程	一、认识寓言,揭示课题 ⇩ 二、一读故事,初步理解 ⇩ 三、再读故事,感悟寓意 ⇩ 四、联系生活,学以致用	一、激趣导入,引出"寓言"解课 ⇩ 二、初读故事,理顺脉络知大意 ⇩ 三、品读感悟,了解故事全过程 ⇩ 四、联系实际,感知道理说现象

4)神话故事:大胆合理地展开想象

神话对中国传统文化影响非常深刻,其反映的独特思想体现了我国初民的思维模式、世界观和生命观。教学时,宜引导学生抓住课文中夸张的语句、插图等展开丰富的想象,在脑中形成独特的画面,感受神话的神奇,在对语言的品味涵泳中,获得文化的熏陶。

如《羿射九日》一文,充满了丰富神奇的想象,令人回味无穷。文中"太阳坐上两轮车""十个太阳轮流值日"等,想象丰富,情节神奇;"他翻过九十九座高山,跨过九十九条大河"等语句,通过夸张的表述,集中凸显了后羿的力气之大、意志之坚,使得故事更具神奇色彩。对于这些神奇之处,教师要鼓励学生充分发挥想象去感受,使其在丰富的想象中解释自己的疑惑,感知先民单纯的思想和科学认知水平,自然而然对优秀传统文化产生亲近感。

5）民间故事：有条理地讲述故事

民间故事是一种历史久远，由一代代中华儿女口耳相传的民间文学，因其特有的传承方式被称为"口头文学"，是千百年来劳动人民智慧的结晶。它在中华优秀文化中彰显着独特的魅力。如民间故事《牛郎织女》的教学，可把重点确定为"讲述民间故事"。教学时，教师先引导学生读懂课文内容，梳理课文脉络，形成故事结构图，以此为基础一步步指导学生讲好故事（见图8）。

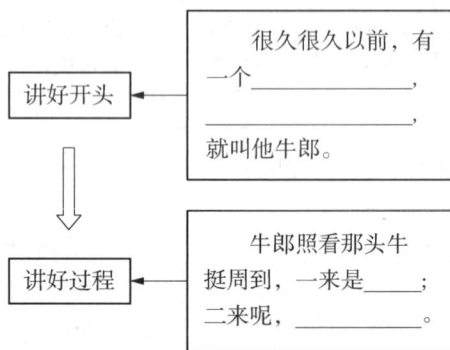

图8　《牛郎织女》故事讲述指导

学生在讲述的过程中，感知劳动人民寄托在故事中的美好愿望。讲述是传承民族文化方式之一，中华优秀传统文化就在这种生生不息的传承中源远流长。

6）文言文：有层次地积累语言

文言文是中国传统文化的主要载体。文言文言志、载道，是中国传统文化的直接体现。文言文的学习主要通过诵读与背诵，凭借注释和工具书理解诗文大意，获得初步的情感体验，感受人物形象或美好品质。

以文言文《精卫填海》《王戎不取道旁李》的教学实践为例。根据文本特点，课堂首先回顾文言文的学习方法，为进一步学习文言文做好准备；接着通过多种形式的朗读来读准字音，明确停顿，读有节奏；教学中，以自学质疑、小组合作等方式，运用借助图片、注释，联系上下文及生活经验等学习方法，理解文章大意，感受人物形象。最后，通过类似文本的阅读，迁移文言文的学习方法，积累传统文化知识，丰富学生阅读经历，把学生引向更为广阔的传统文化世界。教学流程如表3所示。

表3 《精卫填海》《王戎不取道旁李》教学流程

教学流程	《精卫填海》	《王戎不取道旁李》
联系已知,导入新课	根据图片,猜故事	回顾文言文学习方法
初读课文,读通读顺	读准字音,明确停顿,读有节奏;合作朗读、齐读等多种方式朗读,在反复阅读中读熟练、读流利。	
文白对照,深化体验	借助注释和插图,理解词句;按起因、经过、结果梳理文章脉络;发挥想象用自己的话讲讲精卫填海的故事,体验《精卫填海》神话故事的神奇色彩。	了解词句的意思,厘清文章的脉络,连起来说一说故事的意思;引导关注注释,发挥想象,传达出王戎的过人智慧,把故事讲述得吸引人。
拓展延伸,丰富认知	拓展阅读《山海经》	拓展阅读《世说新语》

7) 汉字:强化联系,识用结合

汉字是音形义的全息结合体,既可以记录汉语,又可以阐述万物之道和文化观念。汉字是了解、认识中华传统文化的桥梁,它的重要性不言而喻。汉字教学要注重激发学生的好奇心、求知欲,将学生熟识的语言因素作为主要材料,结合生活经验,引导主动识字,力求识用结合。

如《日月水火》一课的教学,先创设生动的故事情境,引出象形字;再通过图文的对照,动手画一画象形字"日",从"日"字的古今演变过程中,形象地体会汉字形义结合的特点,对汉字的悠久历史及无穷魅力有初步的认知;接着组织学生以小组合作学习的方式,认识"月、水、火"三个汉字;再鼓励学生联系生活经验:找——给生字找朋友;找——汉字和图片、古汉字相对应;说——古汉字哪些曾见过,最喜欢哪一个;唱——象形字识记儿歌。在这过程中,引导学生进一步感受象形字的特点,掌握自主识记象形字的方法,体会象形字的魅力,体验识字的乐趣。最后,引导学生观察汉字的间架结构,感知方块字的形体美;了解书写规则,了解汉字书写穿插避让,感知其中体现的包容谦让就是中华民族的传统美德。教学路径如图9所示。

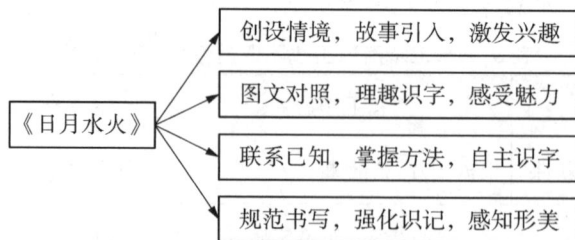

图 9 《日月水火》教学路径

8）成语：凸显运用的合作探究

成语是汉语言文字的瑰宝,短小精悍、形象逼真、通俗易懂、朗朗上口,承载着中华民族独特的价值观与人生态度,最能激发儿童的学习兴趣。学习成语,能从中感受到中华文化的博大与精深。

如三年级下册第七单元《语文园地》"日积月累"中八字成语的教学,在自主探究中,重视分享学生的思维过程,让学生经历真实的学习过程。首先,激发兴趣,读准成语。接着,学生通过自读自悟,自主解释一些较为浅显的成语的意思;对于不理解的,可以通过小组合作学习,在小组交流、全班交流中相互启发,共同探究成语的含义。课堂上注重方法指导,增强学生对汉语言文字的理解能力;激励学生在情境中恰当地运用成语,力争在语言实践中,让学生充分感受到运用成语让表达更简洁生动、文雅含蓄、耐人寻味。最后,鼓励学生收集和成语相关的背景故事等,并和小伙伴们分享,既利于学生更好地理解成语的含义,也能在收集、阅读、讲述的过程中传承民族智慧。教学框架如图 10 所示。

图 10 "日积月累"成语教学框架

（四）录制"故事中国"教学补充资源

基地成员结合区教育局的项目，梳理了小学语文统编教材中的历史故事，以视频的形式形成了教学补充资源，并在"松江教育"微信公众号平台发布（内容及安排见表4）。

表4 攻关基地"云听天下，故事中国"教学补充资源一览

序号	册次	故事名称	教学资源补充点
1	第三册	《曹冲称象》	故事背景、文言文、人物简介、人物品质
2	第四册	《李时珍》	故事出处、知识链接、人物简介、人物品质
3	第五册	《司马光》	文言文、故事出处、人物简介、人物品质
4	第七册	《王戎不取道旁李》	故事出处、知识链接、人物品质
5	第七册	《西门豹治邺》	故事出处、故事背景、文言文、人物评价
6	第七册	《扁鹊治病》	故事背景、文言文、人物简介、人物品质
7	第八册	《囊萤夜读》	故事出处、人物简介、人物品质
8	第八册	《铁杵成针》	人物简介、故事链接、故事出处
9	第九册	《将相和》	故事出处、人物简介、人物品质
10	第十册	《田忌赛马》	文言文、故事出处、人物简介、人物品质
11	第十册	《杨氏之子》	文言文、故事出处、人物简介、人物品质

五、效果与反思

（一）丰厚教师文化底蕴，提升教师专业素养

立项以来，课题组共开展了20多次教学实践活动，在实践中进一步明晰课题研究的意义。

立项之初，课题组针对三个团队的成员以及团队成员所在学校的全体语文教师进行了问卷调查（见图11）。问卷结果统计如图12所示。

从数据分析图中不难发现，教师对传统文化的了解程度和关注程度都不是很高。

立项后，经过不断的理论学习、课堂实践、反思提炼，不管是课题组成员还是实验校教师，对小学语文统编教材传统文化资源的形式和类别、教学

图 11　教 师 问 卷

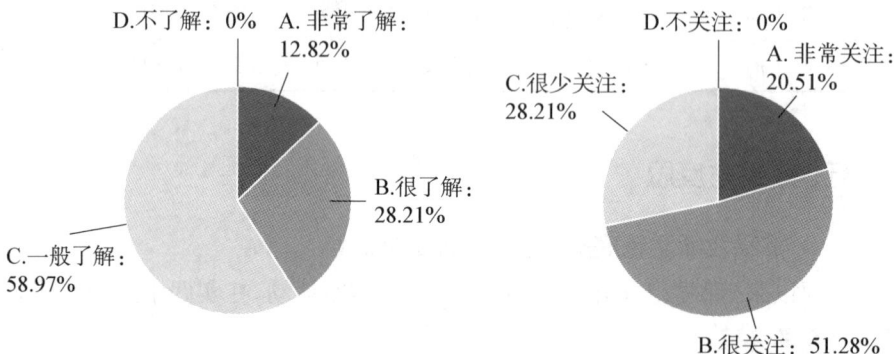

图 12　立项初问卷调查数据分析

　　路径都有了新的认识。教师在研究过程中增长了知识,丰厚了底蕴,增强了传承优秀传统文化的责任感和使命感。

　　同时,经过多次教学实践的启发,从基于课程目标、单元语文要素的教学目标的制定到教学内容的选择,从教学过程的设定到评价方式的设计,教师能做到自觉关注传统文化要素,在具体的教学过程中注重用优秀传统文化熏陶感染学生。在反复实践中,教师的教育教学理念不断更新,专业素养持续提升,教学水平也大幅提高。

中期汇报时的第二次问卷调查数据就是对教师成长的最好证明(见图13)。

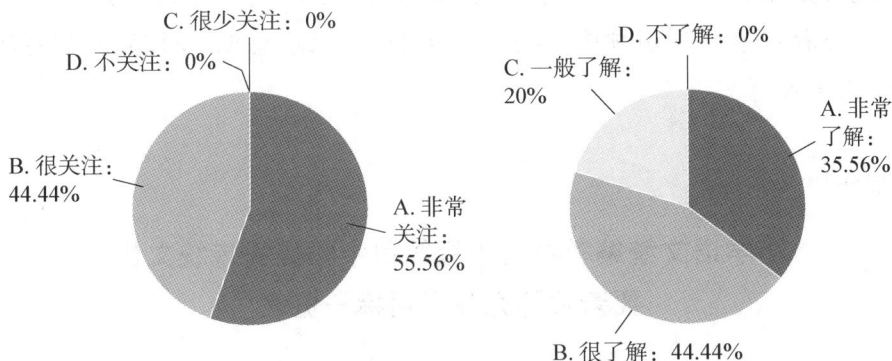

图13 研究中期问卷调查数据分析

(二)培养学生文化感受力,增强学生文化认同感

在课题引领下,教师以课堂为主阵地进行中华优秀传统文化教育,引导学生通过多种形式的诵读、大胆想象、体验情感、讲述故事等具体的语言实践,体会诗歌语言及意境之美,感受童谣的节奏韵律之美,感悟寓言蕴含的道理,感知民间故事中美好的愿望,感受神话故事的神奇,学习古人崇高的品质……学生的心灵得到了熏陶润泽,在传统文化的学习感悟中,汲取自己与他人、人与社会、人与自然相处的智慧,增进对中华优秀传统文化的亲近感和认同感。

(三)引领了实验校不断发展,辐射范围日益扩大

在课题的引领下,课题组实验学校——松江区泗泾小学不仅在语文课堂中有效落实传统文化教育,同时借助读书节等契机开展语文综合实践活动,引导学生触摸传统文化,厚植爱国情怀。以2020年学校的阅读活动为例:一年级学生和父母一起阅读寓言故事,通过读、讲,亲子一起结合生活实际,感悟小小寓言中的大道理;二年级学生阅读神话故事,在读故事、画英雄的过程中,润物无声,传承英雄精神;三年级学生一起诵读古诗词,在诵读过

程中,学生了解诗词背后的人物、故事、历史、情怀,感受不同时空中那一份相同的爱国之情;四年级学生一起读经典名著,通过读、演,感悟人物形象,体会人物品质;五年级学生阅读历史人物故事,在一个个鲜活的故事中感受历史名人卓越的智慧和才能。

本课题的研究成果在区内外的影响不断扩大,已推广到基地实验学校、基地成员所在学校以及区域内外的其他相关学校,给予一线教师方法、路径等参考借鉴;在辐射引领中,也利于发现问题、汲取意见,使课题研究更深入、更持久。

【附件】

小学语文统编教材各年级篇目中华优秀传统文化
要素及补充教学目标一览表

一年级上册			
一级要素	二级要素	内容	补充教学目标
家国情怀	民族文化	语文园地一——日积月累《咏鹅》*	想象古诗描绘的画面,感受鹅动态可爱的形象。
		《江南》*	了解江南水乡人们采莲的情景,感受江南水乡的美丽风光。
		《画》*	借助水墨画,体会谜语诗的趣味。
		语文园地六——日积月累《古朗月行(节选)》*	展开想象,感受诗人对月亮诗意而美好的认识。
		语文园地八——日积月累《风》*	感受风的多变,想象它在春天、秋天不同季节或者水面、竹林间不同地方掠过的画面。
		《对韵歌》*	感受汉语的音韵美感。
		语文园地二——和大人一起读《剪窗花》*	感受"窗花"这种传统文化艺术的形象美,体会剪窗花的乐趣。

---

* 代表该教材内容体现的传统文化要素的数量,一个 * 代表一种传统文化要素,依次类推。——编著者

（续表）

一年级上册			
一级要素	二级要素	内容	补充教学目标
		语文园地八——和大人一起读《春节童谣》*	了解春节习俗，体会过年的快乐。
		语文园地七——和大人一起读《猴子捞月亮》*	感受故事中猴子捞月亮的趣味。
		《天地人》*	初步体会天、地、人的和谐统一。
		《金木水火土》*	感受时空的浩瀚，以及人在宇宙万物中的重要性。
		《日月水火》*	感受古人造字的智慧。
		语文园地五——我的发现*	了解"草字头""木字旁"代表的意义，初步感知偏旁表义的构字规律。
		语文园地七——我的发现*	了解"日字旁""女字旁"代表的意义，初步感知偏旁表义的构字规律。
		语文园地一——识字加油站*	感受雪景的美好，体会猜谜语的乐趣。
社会关爱	传统礼仪	语文园地八——字词句运用*	懂得过年时要向别人表达美好的祝福。
		语文园地二——和大人一起读《剪窗花》**	感受"窗花"这种传统文化艺术的形象美，体会剪窗花的乐趣。
		语文园地八——和大人一起读《春节童谣》**	了解春节习俗，体会过年的快乐。
	中华美德	语文园地五——日积月累《悯农（其二）》*	懂得珍惜劳动成果，不能浪费粮食。
		语文园地七——日积月累*	了解谚语中所蕴含的道理。
人格修养	行为习惯	语文园地四——日积月累*	感受时间的宝贵，初步懂得要珍惜时间。
	良好品质	语文园地七——日积月累**	了解谚语中所蕴含的道理。

（续表）

一年级下册			
一级要素	二级要素	内容	补充教学目标
家国情怀	民族文化	语文园地二——日积月累《春晓》*	体会诗人对春天以及大自然的喜爱之情。
		《静夜思》*	感受月亮代表的思念之情，体会诗中绵绵的思乡情。
		语文园地四——日积月累《寻隐者不遇》*	感受古诗中隐者的闲适与自在。
		古诗二首——《池上》*	想象古诗描写的景象，体会童真童趣。
		古诗二首——《小池》*	感受荷花池的美丽与和谐。
		语文园地八——日积月累《画鸡》*	感受公鸡的美丽和勤劳，体会作者对公鸡的喜爱和赞美之情。
		《古对今》*	想象对韵歌中描绘的画面，感受自然之美。
		《姓氏歌》*	了解中华姓氏文化，能对中国的姓氏文化产生兴趣。
		语文园地七——和大人一起读《孙悟空打妖怪》*	初步了解中国古典四大名著之一《西游记》的故事，感受儿歌的生动有趣。
		《端午粽》*	了解传统节日"端午节"包粽子、吃粽子的习俗及来历。
		《春夏秋冬》*	通过观察传统扇面图画，感受四季的美好以及汉语言文化之美。
		语文园地五——识字加油站*	初步感知形声字的构字规律。
		语文园地五——我的发现*	了解"口字旁""提手旁""足字旁"代表的意义，初步感知偏旁表义的构字规律。
		语文园地八——我的发现*	了解"反犬旁""鸟字边""虫字旁"代表的意义，初步感知偏旁表义的构字规律。
		语文园地五——日积月累——歇后语*	初步了解歇后语的形式特点，产生积累歇后语的兴趣。
		语文园地六——日积月累——谚语*	感受古人通过观察自然现象预测天气变化的智慧。
		《猜字谜》*	初步了解中国汉字的构字规律，感受猜字谜的乐趣。
		语文园地四——和大人一起读《妞妞赶牛》*	感受绕口令中妞妞的可爱。

（续表）

一年级下册			
一级要素	二级要素	内容	补充教学目标
社会关爱	传统礼仪	《端午粽》**	了解传统节日"端午节"包粽子、吃粽子的习俗及来历。
	中华美德	语文园地三——日积月累《赠汪伦》*	体会李白与汪伦之间深厚的友谊。
		语文园地七——日积月累——名言*	认识读书方法的重要性,树立勤学好问的意识。
人格修养	行为习惯	《人之初》*	明白学习的重要性,树立正确的人生观和价值观。
		语文园地七——日积月累——名言**	认识读书方法的重要性,树立勤学好问的意识。
	良好品质	《人之初》**	明白学习的重要性,树立正确的人生观和价值观。
二年级上册			
一级要素	二级要素	内容	补充教学目标
家国情怀	民族文化	语文园地一——日积月累——《梅花》*	了解梅花高洁的品质,感受不惧严寒的"傲骨"精神。
		《树之歌》课后练习三*	初步了解和树木有关的谚语中所蕴含的道理。
		《田家四季歌》*	了解田家四季农事,感受辛勤劳动带来的快乐。
		语文园地二——日积月累——名言*	懂得名言中蕴含的中华美德,明白做人做事的道理。
		语文园地二——我爱阅读——《十二月花名歌》*	初步了解农历中的"正月""冬月""腊月"等十二个月份。
		语文园地三——日积月累——《小儿垂钓》*	体会古诗中小儿天真的童趣。
		古诗二首——《登鹳雀楼》*	体会古诗景色辽阔、气势雄浑的意境,懂得只有站得高才能看得远。
		古诗二首——《望庐山瀑布》*	初步感受大自然的神奇、壮丽,体会诗人对大自然的赞美之情。
		语文园地四——日积月累——楹联*	初步感受祖国山河的壮美。

（续表）

二年级上册			
一级要素	二级要素	内容	补充教学目标
		《坐井观天》*	懂得认识事物、看待问题，要站得高才能看得全面。
		《寒号鸟》*	懂得美好的生活是要靠劳动来创造的。
		语文园地五——日积月累——《江雪》*	想象古诗所描绘的老翁雪中独钓的画面，体会老渔翁的孤独。
		语文园地五——我爱阅读——《刻舟求剑》*	懂得要根据事物的发展变化，灵活地看待、处理问题。
		《大禹治水》*	体会大禹心系百姓，无私奉献的精神。
		语文园地六——我的发现*	懂得形声字声旁表音的特点。
		语文园地六——日积月累——名言*	懂得要从小立志、努力成才。
		古诗二首——《夜宿山寺》*	想象古诗描绘的画面，感受山寺屹立山巅的非凡气势。
		古诗二首——《敕勒歌》*	感受大草原苍茫辽阔、壮丽富饶的风光，体会敕勒人热爱家乡、热爱生活的豪情。
		语文园地七——日积月累——《数九歌》*	大致了解从冬至到来年春分的气候、物候变化情况，体会人们在冬季里期盼春暖花开的心情。
		《狐假虎威》*	懂得不能做像狐狸一样，倚仗别人的势力欺压他人的人。
		语文园地八——日积月累——成语*	了解成语的不同构词形式，感受祖国语言文字的魅力。
	民族认同	《大禹治水》**	体会大禹心系百姓，无私奉献的精神。
		语文园地六——日积月累——名言**	懂得要从小立志、努力成才。
社会关爱	中华美德	《大禹治水》***	体会大禹心系百姓，无私奉献的精神。
		《树之歌》课后练习三**	初步了解和树木有关的谚语中所蕴含的道理。
		语文园地二——日积月累——名言**	懂得名言中蕴含的中华美德，明白做人做事的道理。

（续表）

二年级上册			
一级要素	二级要素	内容	补充教学目标
人格修养	行为习惯	语文园地二——日积月累——名言***	懂得名言中蕴含的中华美德,明白做人做事的道理。
	良好品质	语文园地一——日积月累——《梅花》**	了解梅花高洁的品质,感受不惧严寒的"傲骨"精神。
		《曹冲称象》*	感受曹冲的聪明才智,学习他善于观察、乐于动脑、大胆表达的品质。
		《坐井观天》**	懂得认识事物,看待问题,要站得高才能看得全面。
		《寒号鸟》**	懂得美好的生活是要靠劳动来创造的。
		《我要的是葫芦》*	懂得做任何事情都要注意事物之间的联系,不能只顾结果,不考虑其他。
		语文园地五——我爱阅读——《刻舟求剑》**	懂得要根据事物的发展变化,灵活地看待、处理问题。
		语文园地六——日积月累——名言***	懂得要从小立志、努力成才。
		语文园地六——我爱阅读——《鲁班造锯》*	感受鲁班的聪明才智,学习他善于观察、思考的品质。
二年级下册			
一级要素	二级要素	内容	补充教学目标
家国情怀	民族文化	古诗二首——《村居》*	感受春天生机勃勃的景象及作者对春天来临的喜悦和赞美。
		古诗二首——《咏柳》*	感受柳树内在的生命力,体会春天的美好和大自然的工巧。
		语文园地一——日积月累——《赋得古原草送别》*	感受野草顽强的生命力。
		语文园地二——日积月累——谚语*	了解谚语中蕴含的中华美德,懂得在生活中关爱他人。
		《神州谣》*	感受祖国山河的壮美。
		《传统节日》*	感受中国传统节日及风俗习惯,激发民族自豪感。

（续表）

二年级下册			
一级要素	二级要素	内容	补充教学目标
		《"贝"的故事》*	感受古人造字的智慧和中国汉字文化的博大精深。
		《中国美食》*	了解丰富的中国美食,感受中国特有的饮食文化。
		语文园地三——字词句运用*	知道汉字形声字"形旁表义"的特点,感受汉字的巧妙。
		语文园地三——我的发现*	深化对形声字"形旁表义"的认识,感受识字的乐趣。
		语文园地三——日积月累——十二生肖*	初步了解中国传统文化中独特的生肖文化。
		语文园地四——字词句运用*	知道"孙悟空"是四大名著《西游记》中的人物,初步认识"孙悟空"这一人物形象。
		语文园地四——日积月累——名言警句*	了解名言警句中蕴含的美德,懂得要诚信做人。
		寓言二则——《亡羊补牢》*	联系生活实际,懂得知错就改。
		寓言二则——《揠苗助长》*	联系生活实际,懂得尊重事物发展的规律。
		语文园地五——日积月累——《弟子规》节选*	从《弟子规》蕴含的行为准则中得到启发与教育。
		古诗二首——《晓出净慈寺送林子方》*	感受六月西湖独有的美景,体会诗人对西湖的赞美之情。
		古诗二首——《绝句》*	感受明媚秀丽的春色,体会诗人舒畅愉悦的心情。
		语文园地六——日积月累——《悯农(其一)》*	借助插图展开想象,体会古代劳动人民的辛苦。
		语文园地七——日积月累——《二十四节气歌》*	了解二十四节气,感受中国古代劳动人民的智慧。
		语文园地七——我爱阅读——《月亮姑娘做衣裳》*	感受中国民间故事的有趣。
		《羿射九日》*	感受后羿英勇无畏的英雄形象,以及中国古代神话故事的神奇魅力。
		语文园地八——日积月累——《舟夜书所见》*	感受诗中所描绘的河上夜景。
		语文园地八——我爱阅读——《李时珍》*	认识李时珍,了解他编写《本草纲目》的艰辛历程。

（续表）

二年级下册			
一级要素	二级要素	内容	补充教学目标
	民族认同	《神州谣》**	感受祖国山河的壮美。
		《传统节日》**	感受中国传统节日及风俗习惯，激发民族自豪感。
		语文园地六——日积月累——《悯农（其一）》**	借助插图展开想象，体会古代劳动人民的辛苦。
		语文园地八——我爱阅读——《李时珍》**	认识李时珍，了解他编写《本草纲目》的艰辛历程。
社会关爱	传统礼仪	语文园地五——日积月累——《弟子规》节选**	从《弟子规》蕴含的行为准则中得到启发与教育。
	中华美德	语文园地二——日积月累——谚语**	了解谚语中蕴含的中华美德，懂得在生活中关爱他人。
		语文园地四——日积月累——名言警句**	了解名言警句中蕴含的美德，懂得要诚信做人。
		语文园地五——日积月累——《弟子规》节选***	从《弟子规》蕴含的行为准则中得到启发与教育。
		语文园地六——日积月累——《悯农（其一）》***	借助插图展开想象，体会古代劳动人民的辛苦。
人格修养	行为习惯	语文园地五——日积月累——《弟子规》节选****	从《弟子规》蕴含的行为准则中得到启发与教育。
	良好品质	语文园地一——日积月累——《赋得古原草送别》**	感受野草顽强的生命力。
		寓言二则——《亡羊补牢》**	联系生活实际，懂得知错就改。
		寓言二则——《揠苗助长》**	联系生活实际，懂得尊重事物发展的规律。
		语文园地八——我爱阅读——《李时珍》***	认识李时珍，了解他编写《本草纲目》的艰辛历程。
		语文园地五——日积月累——《弟子规》节选*****	从《弟子规》蕴含的行为准则中得到启发与教育。

（续表）

三年级上册			
一级要素	二级要素	内容	补充教学目标
家国情怀	民族文化	第一单元"语文园地"词句段运用——成语*	感受含有身体部位名称的成语结构特点。
		第一单元"语文园地"日积月累——《所见》*	想象古诗描绘的情境,感受小牧童充满童趣的生活。
		古诗三首——《山行》*	感受诗中深秋时节山景的生机盎然,体会诗人对秋天的喜爱和赞美之情。
		古诗三首——《赠刘景文》*	感受菊花傲霜斗寒的形象,知道诗人劝勉朋友要积极向上的用意。
		古诗三首——《夜书所见》*	感受诗中深秋萧条冷落的景色,体会诗人客居他乡的孤寂无奈之情。
		第二单元"语文园地"——日积月累——成语*	感受描写秋天的词语、成语的意境优美。
		第三单元"语文园地"日积月累——谚语*	知道道理要辩一辩才会更明了,做任何事情有道理才能行得通。
		第四单元"语文园地"词句段运用——成语*	感受含有数字的成语结构特点。
		第四单元"语文园地"日积月累——俗语*	知道集体力量大,懂得团结的重要性。
		古诗三首——《望天门山》*	感受天门山的雄伟、长江的浩荡,体会诗人对祖国壮美河山的赞美之情。
		古诗三首——《饮湖上初晴后雨》*	感受西湖在不同天气里的不同风姿,体会诗人对西湖美景的赞美之情。
		古诗三首——《望洞庭》*	感受洞庭湖的宁静之美,体会诗人对祖国壮美河山赞美之情。
		第六单元"语文园地"日积月累——《早发白帝城》*	想象诗句描绘的画面,体会诗人愉悦的心情。
		第七单元"语文园地"日积月累——《采莲曲》*	想象采莲姑娘与荷叶融为一体的情景,感受人与自然的和谐统一。
		《司马光》*	体会司马光沉着冷静、机智勇敢、爱护同伴的美好品质。
		第八单元"语文园地"日积月累——名言警句*	懂得友善待人的道理。

（续表）

三年级上册			
一级要素	二级要素	内容	补充教学目标
社会关爱	民族认同	古诗三首——《望天门山》**	感受天门山的雄伟、长江的浩荡，体会诗人对祖国壮美河山的赞美之情。
		古诗三首——《饮湖上初晴后雨》**	感受西湖在不同天气里的不同风姿，体会诗人对西湖美景的赞美之情。
		古诗三首——《望洞庭》**	感受洞庭湖的宁静之美，体会诗人对祖国壮美河山赞美之情。
		第六单元"语文园地"日积月累——《早发白帝城》**	想象诗句描绘的画面，体会诗人愉悦的心情。
	传统礼仪	第八单元"语文园地"日积月累——名言警句**	懂得友善待人的道理。
	中华美德	第一单元"语文园地"日积月累——《所见》**	想象古诗描绘的情境，感受小牧童充满童趣的生活。
		古诗三首——《山行》**	感受诗中深秋时节山景的生机盎然，体会诗人对秋天的喜爱和赞美之情。
		古诗三首——《赠刘景文》**	感受菊花傲霜斗寒的形象，知道诗人劝勉朋友要积极向上的用意。
		古诗三首——《夜书所见》**	感受诗中深秋萧条冷落的景色，体会诗人客居他乡的孤寂无奈之情。
		第三单元"语文园地"日积月累——谚语**	知道道理要辩一辩才会更明了，做任何事情有道理才能行得通。
		第四单元"语文园地"日积月累——俗语**	知道集体力量大，懂得团结的重要性。
		《司马光》**	体会司马光沉着冷静、机智勇敢、爱护同伴的美好品质。
人格修养	行为习惯	第三单元"语文园地"日积月累——谚语***	知道道理要辩一辩才会更明了，做任何事情有道理才能行得通。
	良好品质	第四单元"语文园地"日积月累——俗语***	知道集体力量大，懂得团结的重要性。
		《司马光》***	体会司马光沉着冷静、机智勇敢、爱护同伴的美好品质。
		第八单元"语文园地"日积月累——名言警句***	懂得友善待人的道理。

（续表）

三年级下册			
一级要素	二级要素	内容	补充教学目标
家国情怀	民族文化	古诗三首——《绝句》*	感受明丽和谐的春日美景,体会诗人对春天的喜爱之情。
		古诗三首——《惠崇春江晚景》*	感受画中江南早春美景,体会诗人对春天、对生活的热爱。
		古诗三首——《三衢道中》*	感受诗人愉悦的心情,激发对大自然的热爱。
		第一单元"语文园地"日积月累——《忆江南》*	体会诗人对江南的赞美和热爱。
		古诗三首——(《元日》《清明》《九月九日忆山东兄弟》)*	了解中华传统节日中的民间习俗,激发对中华传统节日文化的热爱。
		第四单元"语文园地"日积月累——《滁州西涧》*	感受诗人恬淡的胸襟和忧伤的情怀。
		第八单元"语文园地"日积月累——《大林寺桃花》*	体会诗人的惊喜之情。
		《守株待兔》*	明白不努力,只靠运气是过不上好日子的道理。
		《守株待兔》阅读链接——《南辕北辙》*	明白如果方向错了,即使再努力也是徒劳无功的道理。
		第二单元"语文园地"——快乐读书吧*	体会所读寓言蕴含的道理。
		《纸的发明》*	知道中国造纸术对人类社会进步的促进作用。
		《赵州桥》*	感受我国古代劳动人民的智慧和才干。
		《一幅名扬中外的画》*	初步了解中国北宋风俗画作品,体会中华优秀传统文化的魅力。
		第二单元"语文园地"日积月累——成语*	知道所选成语都来源于寓言故事,明白其中所蕴含的道理。
		第七单元"语文园地"日积月累——成语*	知道八字成语的意思,明白成语蕴含的道理。
		第六单元"语文园地"日积月累——改过名言*	知道有关"改过"的名言的意思,养成知错就改的美好品德。
		第三单元"语文园地"日积月累——古代文化知识*	了解有关中华优秀传统文化的四字词语,感受中华优秀传统文化的魅力。

（续表）

三年级下册			
一级要素	二级要素	内容	补充教学目标
	民族认同	《纸的发明》**	知道中国造纸术对人类社会进步的促进作用。
		《赵州桥》**	感受我国古代劳动人民的智慧和才干。
		《一幅名扬中外的画》**	初步了解中国北宋风俗画作品,体会中华优秀传统文化的魅力。
		古诗三首——《元日》《清明》《九月九日忆山东兄弟》）**	了解中华传统节日中的民间习俗,激发对中华传统节日文化的热爱。
社会关爱	中华美德	第六单元"语文园地"日积月累——改过名言**	知道有关"改过"的名言的意思,养成知错就改的美好品德。
人格修养	行为习惯	第六单元"语文园地"日积月累——改过名言***	知道有关"改过"的名言的意思,养成知错就改的美好品德。

四年级上册			
一级要素	二级要素	内容	补充教学目标
家国情怀	民族文化	第一单元"单元导语"（出自王维的《汉江临眺》）*	感受诗句中山光水色之美。
		《观潮》课后习题3——古诗《浪淘沙（其七）》*	感受钱塘江大潮的壮美。
		第一单元"语文园地"日积月累——《鹿柴》*	体会鹿柴的幽静。
		第二单元"单元导语"（出自《陆九渊集·语录下》*	知道质疑的重要性,养成勤学好问的习惯。
		第二单元"语文园地"日积月累*	知道有关提问的名句的意思,养成勤学好问的习惯。
		第三单元"单元导语"*	明白留心观察事物,就能获得知识和学问的道理。
		古诗三首——《暮江吟》*	感受古诗中江边景色之美,体会作者对江边景色的喜爱之情。
		古诗三首——《题西林壁》*	懂得看待问题要从全局出发的道理。
		古诗三首——《雪梅》*	懂得事物各有所长的道理。
		第三单元"语文园地"词句段运用*	知道动物的"家"有不同的说法,感受祖国语言的丰富性。

四年级上册			
一级 要素	二级 要素	内容	补充教学目标
		第三单元"语文园地" 日积月累*	感受谚语独特的语言魅力，体会我国劳动人民的智慧。
		《盘古开天地》*	知道盘古是神话中的华夏文化始祖，感受盘古伟岸挺拔、无私奉献的形象。
		《精卫填海》*	感受精卫坚韧与执着的形象。
		《女娲补天》*	感受女娲美丽善良、勇敢坚定、不怕困难、甘于奉献的形象。
		第四单元"语文园地" 词句段运用*	感受神话人物鲜明的个性特点，体会神话故事想象的神奇。
		第四单元"语文园地"日 积月累——《嫦娥》*	了解《嫦娥奔月》这一神话故事，感受嫦娥孤独寂寞的心境。
		《陀螺》课后习题3*	知道不能以貌取人的道理。
		第六单元"语文园地" 日积月累*	明白成语中蕴含的做事做人道理，感受民族智慧。
		第七单元"单元导语" （出自顾炎武的 《日知录·正始》）*	知道国家的兴衰与每个人都有关系的道理。
		古诗三首——《出塞》 《凉州词》*	体会戍边将士建立军功、保家卫国的情怀。
		古诗三首—— 《夏日绝句》*	感受项羽宁死不屈的高贵气节，体会李清照的爱国之情。
		第七单元"语文园地"日 积月累——《别董大》*	体会诗歌传达的离别之情。
		第八单元"单元导语"（出 自欧阳修的《浪淘沙》）*	知道要做对国家有用的人才。
		《王戎不取道旁李》*	感受王戎善于思考、冷静推断的形象。
		《西门豹治邺》*	感受西门豹沉着冷静、足智多谋、造福百姓的形象。
		故事二则—— 《扁鹊治病》*	感受我国古代名医扁鹊的医术高明、尽职尽责，知道要善于听取别人正确意见的道理。
		故事二则—— 《纪昌学射》*	体会纪昌学习射箭的恒心和毅力，知道无论学什么技艺，都要从基本功入手的道理。

（续表）

四年级上册			
一级要素	二级要素	内容	补充教学目标
民族认同		《观潮》课后习题3——古诗《浪淘沙（其七）》**	感受钱塘江大潮的壮美。
		《盘古开天地》**	知道盘古是神话中的华夏文化始祖，感受盘古伟岸挺拔、无私奉献的形象。
		《女娲补天》**	感受女娲美丽善良、勇敢坚定、不怕困难、甘于奉献的形象。
		第四单元"语文园地"词句段运用**	感受神话人物鲜明的个性特点，体会神话故事想象的神奇。
		第四单元"语文园地"日积月累——《嫦娥》**	了解《嫦娥奔月》这一神话故事，感受嫦娥孤独寂寞的心境。
		快乐读书吧——《很久很久以前》*	产生阅读中国神话和世界经典神话的兴趣，感受神话中鲜明的人物形象和充满神奇想象的特点。
		第七单元"单元导语"（出自顾炎武的《日知录·正始》）**	知道国家的兴衰与每个人都有关系的道理。
		古诗三首——《出塞》《凉州词》**	体会戍边将士建立军功、保家卫国的情怀。
		古诗三首——《夏日绝句》**	感受项羽宁死不屈的高贵气节，体会李清照的爱国之情。
		第八单元"单元导语"（出自欧阳修的《浪淘沙》）**	知道要做对国家有用的人才。
		《西门豹治邺》**	感受西门豹沉着冷静、足智多谋、造福百姓的形象。
		口语交际4——《讲历史人物故事》*	了解历史人物的智慧与品质，感受我国灿烂的历史文化。
社会关爱	中华美德	第二单元"单元导语"（出自《陆九渊集·语录下》）**	知道质疑的重要性，养成勤学好问的习惯。
		第二单元"语文园地"日积月累**	知道有关提问的名句的意思，养成勤学好问的习惯。
		第三单元"单元导语"**	明白留心观察事物，就能获得知识和学问的道理。
		古诗三首——《题西林壁》**	懂得看待问题要从全局出发的道理。

（续表）

			四年级上册
一级要素	二级要素	内容	补充教学目标
		《陀螺》课后习题3**	懂得不能以貌取人的道理。
		第七单元"单元导语"（出自顾炎武的《日知录·正始》）***	懂得国家的兴衰与每个人都有关系的道理。
		《王戎不取道旁李》**	感受王戎善于思考、冷静推断的形象。
		《西门豹治邺》***	感受西门豹沉着冷静、足智多谋、造福百姓的形象。
		故事二则——《扁鹊治病》**	感受我国古代名医扁鹊的医术高明、尽职尽责，知道要善于听取别人正确意见的道理。
		故事二则——《纪昌学射》**	体会纪昌学习射箭的恒心和毅力，知道无论学什么技艺，都要从基本功入手的道理。
人格修养	行为习惯	第二单元"单元导语"（出自《陆九渊集·语录下》）***	知道质疑的重要性，养成勤学好问的习惯。
		第二单元"语文园地"日积月累***	知道有关提问的名句的意思，养成勤学好问的习惯。
		第三单元"单元导语"***	明白留心观察事物，就能获得知识和学问的道理。
		第三单元"语文园地"日积月累**	学习先民智慧的结晶，养成留心观察的习惯。
		第六单元"语文园地"日积月累**	明白成语中蕴含的做事做人的道理，感受民族智慧。
		《王戎不取道旁李》***	感受王戎善于思考、冷静推断的形象。
		《西门豹治邺》****	感受西门豹沉着冷静、足智多谋、造福百姓的形象。
		故事二则——《纪昌学射》***	体会纪昌学习射箭的恒心和毅力，知道无论学什么技艺，都要从基本功入手的道理。
		口语交际4——《讲历史人物故事》**	了解历史人物的智慧与品质，感受我国灿烂的历史文化。
	良好品质	第二单元"单元导语"（出自《陆九渊集·语录下》）****	知道质疑的重要性，养成勤学好问的习惯。
		第二单元"语文园地"日积月累****	知道有关提问的名句的意思，养成勤学好问的习惯。

（续表）

四年级上册			
一级要素	二级要素	内容	补充教学目标
		第三单元"单元导语"****	明白留心观察事物，就能获得知识和学问的道理。
		古诗三首——《雪梅》**	懂得事物各有所长的道理。
		第三单元"语文园地"日积月累***	感受谚语独特的语言魅力，体会我国劳动人民的智慧。
		《盘古开天地》***	知道盘古是神话中的华夏文化始祖，感受盘古伟岸挺拔、无私奉献的形象。
		《精卫填海》**	感受精卫坚韧与执着的形象。
		《女娲补天》***	感受女娲美丽善良、勇敢坚定、不怕困难、甘于奉献的形象。
		《陀螺》课后习题3***	懂得不能以貌取人的道理。
		第六单元"语文园地"日积月累***	明白成语中蕴含的做事做人的道理，感受民族智慧。
		第七单元"单元导语"（出自顾炎武的《日知录·正始》）****	懂得国家的兴衰与每个人都有关系的道理。
		古诗三首——《出塞》《凉州词》***	体会戍边将士建立军功、保家卫国的情怀。
		古诗三首——《夏日绝句》***	感受项羽宁死不屈的高贵气节，体会李清照的爱国之情。
		《西门豹治邺》*****	感受西门豹沉着冷静、足智多谋、造福百姓的形象。
		故事二则——《扁鹊治病》***	感受我国古代名医扁鹊的医术高明、尽职尽责，知道要善于听取别人正确意见的道理。
		《故事二则》——《纪昌学射》****	体会纪昌学习射箭的恒心和毅力，知道无论学什么技艺，都要从基本功入手的道理。
		口语交际4——《讲历史人物故事》***	了解历史人物的智慧与品质，感受我国灿烂的历史文化。

四年级下册			
一级要素	二级要素	内容	补充教学目标
家国情怀	民族文化	古诗词三首——《四时田园杂兴(其二十五)》*	感受乡村生活的恬静安详、宁静闲适。
		古诗词三首——《宿新市徐公店》*	感受明丽、活泼的乡村春景,体会诗人闲适的心境。
		古诗词三首——《清平乐·村居》*	体会诗人对幸福和谐、安居乐业的乡村生活的欣赏和赞美之情。
		第二单元"日积月累"——《江畔独步寻花》*	体会诗人在桃花丛中欣赏、玩味的喜悦心情。
		第四单元"日积月累"——《蜂》*	感受蜜蜂的辛苦,体会诗人对辛勤劳作之人的赞美,对不劳而获者的不满。
		第六单元"日积月累"——《独坐敬亭山》*	感受诗人游敬亭山时的情趣,体会诗人的孤独与寂寞。
		古诗三首——《芙蓉楼送辛渐》*	感受诗人洁身自好、高洁的精神品格。
		古诗三首——《塞下曲》*	感受将士们保家卫国的精神和英勇无畏的品格。
		古诗三首——《墨梅》*	感受诗人淡泊名利、自信昂扬的精神品格。
		文言文二则——《囊萤夜读》《铁杵成针》*	体会古人勤奋好学、持之以恒的品质。
		第三单元"语文园地"——识字加油站*	认识古代不同时代的代表文人,了解他们的生平经历、其代表作或创作的名句。
		第四单元"语文园地"——词句段运用*	感受汉语言文字的丰富,体会用动物比喻某一类人的特殊含义。
		八单元"语文园地"——书写提示*	了解书签上书写的两种行款,感受汉字书写的魅力。
		第七单元"语文园地"——词句段运用*	感受成语的丰富内涵,体会古人勤奋好学的品质。
		第七单元"语文园地"——日积月累*	了解自强不息的传统美德,知道要做一个奋发向上的人。
		第八单元"语文园地"——日积月累*	懂得勤奋刻苦学习的重要。
	民族认同	古诗三首——《塞下曲》**	感受将士们保家卫国的精神和英勇无畏的品格。

（续表）

四年级下册			
一级要素	二级要素	内容	补充教学目标
社会关爱	中华美德	古诗词三首——《清平乐·村居》**	体会诗人对幸福和谐、安居乐业的乡村生活的欣赏和赞美之情。
		古诗三首——《芙蓉楼送辛渐》**	感受诗人洁身自好、高洁的精神品格。
		第七单元"语文园地"——日积月累**	了解自强不息的传统美德，知道要做一个奋发向上的人。
		第八单元"语文园地"——日积月累**	懂得勤奋刻苦学习的重要。
人格修养	行为习惯	文言文二则——《囊萤夜读》《铁杵成针》**	体会古人勤奋好学、持之以恒的品质。
	良好品质	第四单元"日积月累"——《蜂》**	感受蜜蜂的辛苦，体会诗人对辛勤劳作之人的赞美，对不劳而获者的不满。
		古诗三首——《墨梅》**	感受诗人淡泊名利、自信昂扬的精神品格。
		文言文二则——《囊萤夜读》《铁杵成针》***	体会古人勤奋好学、持之以恒的品质。
		第四单元"语文园地"——词句段运用**	感受汉语言文字的丰富，体会用动物比喻某一类人的特殊含义。
		第七单元"语文园地"——词句段运用**	感受成语的丰富内涵，体会古人勤奋好学的品质。
补充说明	1. 四年级上册第四单元习作《我和_____过一天》，学生可能选取的人物非常多，对这一富有个性化的教学资源，课题组经过研讨，提出以下教学建议：如有学生选取中国神话故事中的人物，则引导其了解这一人物的本领与特点，通过大胆想象，感受他们身上的传统美德和高尚品质。 2. 四年级下册第五单元习作例文《颐和园》，主要学习作者按照一定的顺序描写景物的写法，教学中可以借助视频、插图，了解颐和园的优美风光，感受古代劳动人民的智慧和才干。		

（续表）

五年级上册			
一级要素	二级要素	内容	补充教学目标
家国情怀	民族文化	第一单元"语文园地"日积月累——《蝉》*	了解秋蝉高洁的品格,感受诗人高洁的志向。
		第二单元"语文园地"日积月累——惜时名言*	懂得珍惜时间的重要。
		《将相和》*	体会蔺相如机智勇敢、不畏强暴,廉颇知错就改的品质,感受两人以国家利益为重,顾全大局的精神。
		《猎人海力布》*	初步了解民间故事的特点,体会海力布热心助人、舍己救人的高贵品质。
		《牛郎织女(一)》*	初步了解民间故事的特点,体会古代劳动人民的淳朴坚毅,感受他们勇敢追求幸福生活的精神。
		《牛郎织女(二)》*	了解民间故事的特点,体会古代劳动人民的淳朴坚毅,感受他们勇敢追求幸福生活的精神。
		第三单元——"口语交际:讲民间故事"*	进一步了解民间故事的特点,感受人物的美好品质,激发阅读民间故事的兴趣。
	民族认同	第三单元"语文园地"语句段运用——成语*	感受汉语言文字的丰富,激发对汉语言文字的喜爱之情。
		第三单元"语文园地"日积月累——《乞巧》*	了解七夕节习俗,激发学习传统文化的兴趣。
		快乐读书吧:从前有座山*	了解民间故事的特点,感受人物的美好品质,激发阅读民间故事的兴趣。
		古诗三首——(《示儿》《题临安邸》《己亥杂诗》)*	体会诗人忧国忧民的爱国情怀,激发对诗歌的热爱。
		第四单元"语文园地"语句段运用——成语*	感受汉语言文字的丰富,激发对汉语言文字的喜爱之情。
		第四单元"语文园地"书写提示*	了解古诗横着写与竖着写的两种规则,感受硬笔书法的魅力。
		第四单元"语文园地"日积月累——成语*	了解与国家兴衰有关的成语,激发爱国情怀。
		第六单元"语文园地"日积月累——勤俭名言*	了解勤俭节约是中华传统美德,知道要做一个勤俭节约的人。
		古诗三首——《山居秋暝》*	了解诗人对山间美好景色的喜爱,感受诗人归隐山林的心愿。

（续表）

五年级上册			
一级要素	二级要素	内容	补充教学目标
社会关爱	民族认同	古诗三首——《枫桥夜泊》*	体会诗人远离故土的孤独之情。
		古诗三首——《长相思》*	体会诗人羁旅怀乡的感情。
		第七单元"语文园地"日积月累——《渔歌子》*	体会作者悠闲自在、热爱大自然的情怀。
		第八单元"单元导语"（出自苏轼《送安敦秀才失解西归》）*	了解古人"熟读精思"的读书方法，激发阅读的兴趣。
		《古人谈读书》*	了解古人读书的方法和态度，能对自己的人生观、读书观有所思考，激发学习文言文的兴趣。
		《忆读书》*	初步感受中国传统文化的魅力，激发阅读中国古典文学名著的兴趣。
		第八单元"语文园地"书写提示*	了解欧阳询楷书的特点，感受楷书的魅力，激发欣赏书法作品的兴趣。
		第八单元"语文园地"日积月累——《观书有感》*	结合自己的读书感受，体会诗中蕴含的道理，激发对诗歌的热爱。
		《少年中国说（节选）》*	体会中华少年的责任感和使命感，增强民族自信心，培养爱国情怀，激发学习文言文的兴趣。
		《圆明园的毁灭》*	激发振兴中华的责任感和使命感。
社会关爱	传统礼仪	第三单元"语文园地"日积月累——《乞巧》**	了解七夕节习俗，激发学习传统文化的兴趣。
	中华美德	《将相和》**	体会蔺相如机智勇敢、不畏强暴、廉颇知错就改的品质，感受两人以国家利益为重，顾全大局的精神。
		第二单元"语文园地"日积月累——惜时名言**	懂得珍惜时间的重要。
		《猎人海力布》**	初步了解民间故事的特点，体会海力布热心助人、舍己救人的高贵品质。
		第六单元"语文园地"日积月累——勤俭名言**	了解勤俭节约的中华传统美德，知道要做一个勤俭节约的人。
		第七单元"语文园地"日积月累——《渔歌子》**	体会作者悠闲自在、热爱大自然的情怀。

（续表）

五年级上册			
一级要素	二级要素	内容	补充教学目标
人格修养	行为习惯	第二单元"语文园地"日积月累——惜时名言***	懂得珍惜时间的重要。
		第六单元"语文园地"日积月累——勤俭名言***	了解勤俭节约是中华传统美德，知道要做一个勤俭节约的人。
	良好品质	第一单元"语文园地"日积月累——《蝉》**	了解秋蝉高洁的品格，感受诗人高洁的志向。
		《将相和》***	体会蔺相如机智勇敢、不畏强暴，廉颇知错就改的品质，感受两人以国家利益为重，顾全大局的精神。
		第二单元"语文园地"日积月累——惜时名言****	懂得珍惜时间的重要。
		《猎人海力布》***	初步了解民间故事的特点，体会海力布热心助人、舍己救人的高贵品质。
		《牛郎织女（一）》**	初步了解民间故事情的特点，体会古代劳动人民的淳朴坚毅，感受他们勇敢追求幸福生活的精神。
		《牛郎织女（二）》**	了解民间故事情的特点，体会古代劳动人民的淳朴坚毅，感受他们勇敢追求幸福生活的精神。
		第三单元"口语交际：讲民间故事"***	进一步了解民间故事的特点，感受人物的美好品质，激发阅读民间故事的兴趣。
		快乐读书吧：从前有座山**	了解民间故事的特点，感受人物的美好品质，激发阅读民间故事的兴趣。
		《示儿》**	体会诗人忧国忧民的爱国情怀，激发对诗歌的热爱。

五年级下册			
一级要素	二级要素	内容	补充教学目标
家国情怀	民族文化	古诗三首——《四时田园杂兴（其三十一）》*	感受宋代乡村儿童热爱劳动、天真纯朴的品质。
		古诗三首——《稚子弄冰》《村晚》*	感受我国古代儿童日常生活的丰富性与多样性，体会诗人对儿童的喜爱之情。
		第一单元"语文园地"日积月累——《游子吟》*	懂得母爱的无私和伟大，感受母亲这一形象的人格魅力。

（续表）

五年级下册			
一级要素	二级要素	内容	补充教学目标
		《草船借箭》*	体会诸葛亮足智多谋的特点,感受古典名著的魅力,激发阅读古典名著的兴趣。
		《景阳冈》*	体会武松豪放倔强、机智勇敢的特点,感受古典名著的魅力,激发阅读古典名著的兴趣。
		《猴王出世》*	体会美猴王勇敢机灵、敢作敢为的特点,感受古典名著的魅力,激发阅读古典名著的兴趣。
		《红楼春趣》*	体会宝玉率直纯真的特点,了解我国放风筝的习俗,感受古典名著的魅力,激发阅读古典名著的兴趣。
		第二单元"语文园地"日积月累——《鸟鸣涧》*	体会诗歌所描述的幽静与闲适的意蕴。
		快乐读书吧——《读古典名著,品百味人生》*	感受古典名著的魅力,激发阅读古典名著的兴趣。
		古诗三首——《从军行》*	感受战士们保卫祖国矢志不渝的崇高精神。
		《秋夜将晓出篱门迎凉有感》*	感受诗人热爱祖国大好河山,忧国忧民的高尚情操。
		《闻官军收河南河北》*	体会诗人听闻收复故土后的惊喜之情,感受诗人盼望国家统一的心情。
		第三单元"语文园地"日积月累——《凉州词》*	体会诗中流露出的思乡之情。
		第三单元"语文园地"日积月累——《黄鹤楼送孟浩然之广陵》*	感受诗歌中送别友人时的离情别绪。
		人物描写一组——《两茎灯草》*	体会严监生极度吝啬的性格特点,感受古典名著的魅力,激发阅读古典名著的兴趣。
		《自相矛盾》*	初步体会成语故事中蕴含的朴素的辩证法思想,感受古典名著的魅力,激发阅读古典名著的兴趣。
		《田忌赛马》*	体会孙膑善于观察,善于分析的特点,感受古典名著的魅力,激发阅读古典名著的兴趣。
		第五单元"语文园地"词句段运用——古今同义*	发现汉字古今义相同的现象,感受汉语言的魅力。
		第五单元"语文园地"日积月累——年龄别称*	理解、积累古代年龄的别称,感受汉语言的魅力。

（续表）

五年级下册			
一级要素	二级要素	内容	补充教学目标
		第六单元"语文园地"日积月累——《乡村四月》*	体会诗人热爱乡村、热爱劳动的感情。
		《杨氏之子》*	体会杨氏之子的思维敏捷和礼貌待人，感受有趣的姓氏文化，激发阅读古典名著的兴趣。
		第七单元"语文园地"日积月累——古代名言*	初步懂得君子之道、为人之理，以此指导自己的生活。
		第七单元"语文园地"书写提示——书法欣赏*	初步了解颜体书法艺术，感受其艺术风格，进一步体会书法魅力。
	民族认同	第三单元"单元导语"——林则徐名言*	感受古人的责任感与使命感，激发爱国主义精神。
		古诗三首——《从军行》**	感受战士们矢志不渝地保卫祖国的崇高精神。
		《秋夜将晓出篱门迎凉有感》**	感受诗人热爱祖国大好河山，忧国忧民的高尚情操。
		《闻官军收河南河北》**	体会诗人听闻收复故土后的惊喜之情，感受诗人盼望国家统一的心情。
		《中国的世界文化遗产》*	激发对祖国的世界文化遗产的热爱，增强民族自豪感。
		《杨氏之子》**	体会杨氏之子思维的敏捷和礼貌待人，感受有趣的姓氏文化，激发阅读古典名著的兴趣。
社会关爱	传统礼仪	第三单元"语文园地"日积月累——《黄鹤楼送孟浩然之广陵》**	感受诗歌中送别友人时的离情别绪。
		《杨氏之子》***	体会杨氏之子思维的敏捷和礼貌待人，感受有趣的姓氏文化，激发阅读古典名著的兴趣。
	中华美德	日积月累——《游子吟》**	懂得母爱的无私和伟大，感受母亲这一形象的人格魅力。
		日积月累——《黄鹤楼送孟浩然之广陵》***	感受诗歌中送别友人时的离情别绪。

（续表）

五年级下册			
一级要素	二级要素	内容	补充教学目标
人格修养	行为习惯	第七单元"语文园地"日积月累——古代名言**	初步懂得君子之道、为人之理，并指导自己的生活。
	良好品质	古诗三首——《四时田园杂兴（其三十一）》**	感受宋代乡村儿童喜爱劳动、天真纯朴的品质。
		《草船借箭》**	体会诸葛亮足智多谋的特点，感受古典名著的魅力，激发阅读古典名著的兴趣。
		《景阳冈》**	体会武松豪放倔强、机智勇敢的特点，感受古典名著的魅力，激发阅读古典名著的兴趣。
		《猴王出世》**	体会美猴王勇敢机灵、敢作敢为的特点，感受古典名著的魅力，激发阅读古典名著的兴趣。
		《红楼春趣》**	体会宝玉率直纯真的特点，了解我国放风筝的习俗，感受古典名著的魅力，激发阅读古典名著的兴趣。
		《秋夜将晓出篱门迎凉有感》**	感受诗人热爱祖国大好河山，忧国忧民的高尚情操。
		《闻官军收河南河北》***	体会诗人听闻收复故土后的惊喜之情，感受诗人盼望国家统一的心情。
		《田忌赛马》**	体会孙膑善于观察，善于分析的特点，感受古典名著的魅力，激发阅读古典名著的兴趣。
		第六单元"语文园地"日积月累——《乡村四月》**	体会诗人热爱乡村、热爱劳动的感情。
		《杨氏之子》****	体会杨氏之子思维的敏捷和礼貌待人，感受有趣的姓氏文化，激发阅读古典名著的兴趣。
		第七单元"语文园地"日积月累——古代名言**	初步懂得君子之道、为人之理，以此指导自己的生活。

教学案例与教学路径

第一篇　童谣教学案例与教学路径[①]

愉悦诵读，童谣花开

——《剪窗花》教学案例

🔖 案例背景

古人曰："童子歌曰童谣，以其出自胸臆，不由人教也。"童谣，是由一代代人口耳相传的，在儿童口中传唱的歌谣。它有三个主要特点：一是内容浅显，通俗易懂；二是有趣好玩，儿童感兴趣；三是讲究押韵，读起来朗朗上口。童谣的种类有很多，民俗童谣是其中的一种。

《剪窗花》是小学语文统编教材一年级上册"语文园地二"中"和大人一起读"的内容，是本册教材中第二次"和大人一起读"的内容。童谣的内容是"我"学奶奶剪窗花，剪出各式各样的窗花，文本颇具地方特色，并配有精美的窗花插图。学生通过观察插图感受"窗花"这种传统文化艺术的形象美；在反复朗读中，体会剪窗花的乐趣，感受童谣的节奏美。童谣在一年级教材中反复出现，频率较高，一年级上册"语文园地八"的《春节童谣》、一年级下册"语文园地七"中的《孙悟空打妖怪》、一年级下册"快乐读书吧"的内容也是"读读童谣和儿歌"。

一年级儿童刚从幼儿园进入小学，识字量不多，对周围事物的认识还比较浅显，童谣篇幅短小，朗朗上口，语言生动，结构简单，富有情趣和韵律美，

---

① 本篇部分内容发表在 2020 年 11 月第 11 期《小学语文教师》。——编著者

正契合了一年级儿童的喜好。童谣又是大部分儿童在学前就有接触的文体，所以阅读起来亲切自然，不会产生畏难情绪。传唱童谣，既可以得到快乐，又可以学到知识，符合儿童的审美趣味，对提高儿童的审美能力大有裨益。

📖 案例描述

教学片段（一）

师：听说我们一(5)班的小朋友特别爱读书，一群可爱的小家伙赶来和我们交朋友啦。看看谁来了？（出示小鱼简笔画）

生齐：小鱼。

师：和它打个招呼。

生齐：小鱼好！

师：谁又来了？（出示小牛简笔画）

生齐：小牛。

师：又来一个。（出示小蝴蝶简笔画）

生齐：小蝴蝶。

师：女孩子最喜欢小蝴蝶啦。再看，这是谁呀？（出示小鸟简笔画）

生齐：小鸟。

师：谁知道这种小鸟的名字？

生1：我感觉是黄鹂鸟。

师：黄鹂最爱唱歌，还有谁想说说，它是什么鸟？

生2：我觉得这是喜鹊。

师：说说你的理由。

生2：因为它很漂亮。

师：它不仅漂亮，还能给人们带来喜讯。你猜得没错，它就是喜鹊。不仅小动物们来了，植物朋友也来和你们交朋友啦。瞧，什么花？（出示梅花简笔画）

生齐：是梅花。

师：梅花很坚强，在冬天开放。这是什么花？（出示荷花简笔画）

生齐：荷花。

师：(出示葡萄简笔画)小朋友们爱吃的水果来啦——

生齐：葡萄。

师：瞧你们,馋得口水都快流出来了。(生笑)

师：(出示雪花简笔画)冬天的小精灵来了,谁啊?

生齐：雪花。

师：有一位老奶奶,巧手一变,把它们变成这个样儿,你还认识吗?(出示窗花图片)知道这些是什么吗?

生齐：窗花。

师：说说看,你在哪儿见过窗花?

生1：我在过新年的时候见过窗花。

师：过年的时候,哪儿有窗花啊?

生：在窗户上。

师：人们把它们贴在窗户上,所以叫窗花。小朋友们,今天这节课我们一起来阅读一首童谣,童谣的名字叫——(板书课题《剪窗花》)

师：谁来读读课题?

生2：《剪窗花》的名字叫《剪窗花》。(其他生笑)

师：童谣的名字叫《剪窗花》,我们一起读——

生齐：《剪窗花》。

专家点评

樊老师在本节课的教学设计中体现"两个无关乎"的理念,分别是"无关乎识字""无关乎练习"。在一种轻松愉悦的气氛下,开始这节课。樊老师的教学设计中实现了"两个转变",一是要从教学的设计与实施向学习活动的设计与实施转变,二是要转变听和说的比例。这样的理念是非常正确的,我们从她的课堂上能深切地体会到她是要从原来的"以教师讲授为主",转变为今天的"以学生的学为主"。或者说在课堂中以学生的活动为主导,重在学生。这也是当今课改中提倡的一个非常重要的理念——学习方式的改变。学习方式的改变就是指教师以及教师的教学不是单向的知识的传播和讲授,而是一个交互的过程,让学生和教师在相互交流中得到发展和提升。

教学片段(二)

师:我们还可以拍着手来读童谣,来,伸出小手。

(师生拍手齐读童谣)

师:拍手读,还可以我读一句,你读一句。我请一位小朋友和我一起读,我读一句,你读一句,谁愿意?(指名学生读)

师:题目我们一起读,你也坐着,我也坐着。你带着我一起读。

生1:樊老师,请你跟我一起读——(师生齐读:剪窗花)

生1:小剪刀,手中拿,我学奶奶剪窗花。

师:剪梅花,剪雪花,剪对喜鹊叫喳喳。

生1:剪只鸡,剪只鸭,剪条鲤鱼摇尾巴。

师:大红鲤鱼谁来抱?

生1:哦,再剪一个胖娃娃。

师:好玩吗?

生齐:好玩。

师:也不送点掌声给我们?(全体鼓掌)

师:哪两个小朋友愿意像我们这样读一读?

师:好的,请你来读,你再邀请一个小伙伴。

生2:徐子萱请你和我一起读——剪窗花。

生3:剪窗花

生2:小剪刀手中拿,我学奶奶剪窗花。

生3:剪梅花,剪雪花,剪对喜鹊叫喳喳。

生2:剪只鸡,剪只鸭,剪条鲤鱼摇尾巴。

生3:大红鲤鱼谁来抱?

生2:哦,再剪一个胖娃娃。

师:你们两个读得真好,句子读得很通顺。(鼓掌)

师:谁愿意像我们刚才一样,有节奏地读一读?

师拍手范读:小剪刀手中拿,我学奶奶剪窗花。

师:请你来试试看,你也邀请一个小伙伴。

生5：胡蕙妍请你和我一起读——剪窗花。

生6：剪窗花。（两人拍手读童谣）

生5：小剪刀手中拿，我学奶奶剪窗花。

生6：剪梅花，剪雪花，剪对喜鹊叫喳喳。

生5：剪只鸡，剪只鸭，剪条鲤鱼摇尾巴。

生6：大红鲤鱼谁来抱？

生5：哦，再剪一个胖娃娃。

师：瞧，有节奏地读就好听多了。我们还可以做着游戏来读，有一个小朋友邀请我们一起做游戏，我们来看——（播放师生在拍手游戏中读童谣的视频）

师：坐在一起的小伙伴也这样读一读，好吗？

（生做游戏读）

师：好，孩子们，谁愿意到前面来一边做游戏一边读？葛言蹊和你的小伙伴来读。

（两生做游戏读）

师：你们是两个人一起读的，不错！还有哪两位小朋友愿意读？你读一句，我读一句，谁先开始都可以的。

（两生做游戏读）

师：好的，这是男孩子的拍手方式，再请两个女孩子。（指名两位女生）来，你们两个来试试看，你们可以你一句、我一句吗？

生1：可以。

师：好，来。

（两生做游戏读）

师：看到了吗？孩子们，就像他们这样边做游戏边读童谣，多有意思呀！

专家点评

　　樊老师教学设计理念中体现的"三个阅读"就是指"阅读方式、阅读兴趣和阅读习惯"。这"三个阅读"是语文课中的重中之重，樊老师的这堂课把阅读的任务非常鲜明地凸显了出来。樊老师让学生在尽情的诵读中爱上阅读。《剪窗花》是一首童谣,学生喜欢读,因为童谣有很强的节奏。节奏是人类非常独特的一个现象。我们要呼吸,一呼一吸就是一个节奏。呼吸,这是人类的本能。把诗歌的节奏读出来的时候,我们就会有一种愉悦感。学生自然而然地就会爱上阅读。在樊老师的课堂中,读的比例很高,形式也多样:完全自由地读,两个人一起读,共同拍手读,做拍手游戏读……其中拍手就是对节奏的一种强调,在体会节奏中给学生一种愉悦感,引导学生去喜欢童谣。

教学片段(三)

师:瞧,奶奶剪了梅花、雪花、鸡、鸭、喜鹊、鲤鱼,还剪了一个抱鲤鱼的胖娃娃。奶奶的手可神奇啦,她什么都会剪,如果让你跟着奶奶学剪窗花,你想剪什么呀?

生1:我想剪巧克力。

师:哎呦,一个小馋猫嘛!

生2:我喜欢剪一个面。

师:面条吗?

生2:嗯嗯。(点头)

师:要剪一碗面,估计你是有点饿了,哈哈。

师:还想剪什么?

生3:剪一个苹果。

师:小朋友,除了吃的还可以剪什么?

生4:我想剪一条鲤鱼。

师:鲤鱼,奶奶已经剪了。除了童谣中说到的,还有吗?

生5:我还想剪一碗馄饨。

师:孩子们,除了吃的,还有玩的、用的,再来说说看。

生6:我想剪房子

师:将来做设计师。

生7:我想剪一个花瓶。

师:爱美的小姑娘。用花瓶来装扮,我们的教室更美了。

生8:我想剪一只海龟。

生9：我想剪一个樊老师。

师：你一定是把我喜欢得紧啊！（师生大笑）

生10：我想剪一只臭袜子。（老师、学生齐笑）

师：瞧，孩子们，只要你能想到的，奶奶的巧手都会剪。那你能说说属于你的童谣吗？

（出示句式：小剪刀手中拿，我学奶奶剪窗花。剪＿＿＿＿＿，剪＿＿＿＿＿，剪＿＿＿＿＿。）

师：你可以想一想，再说给旁边的小伙伴听一听。（生思考、交流）

师：好，孩子们，把你们的童谣和同学们分享分享。

生1：小剪刀，手中拿，我学奶奶剪窗花。剪扇子，剪灯笼，剪只蝴蝶天空飞。

师：哇，好美的童谣，掌声送给她。剪扇子，剪灯笼，剪只蝴蝶天空飞。你就是和蝴蝶一起飞舞的小仙女。还有谁来？

生2：小剪刀，手中拿，我学奶奶剪窗花。剪梅花，剪雪花，剪只兔子蹦蹦跳。

师：可以的，还有吗？

生3：小剪刀，手中拿，我学奶奶剪窗花。剪只鸡，剪只羊，剪只蝴蝶空中飞。

生4：小剪刀，手中拿，我学奶奶剪窗花。剪汉堡，剪披萨，剪条火龙飞上天。

师：哦，吃完汉堡和披萨，你就要学着飞龙上天了。

生5：小剪刀，手中拿，我学奶奶剪窗花。剪支笔，剪本书，剪个樊老师在上课。（师生笑）

师：看来你是个爱学习的好孩子。

专家点评

　　学生喜欢读就是因为童谣是允许表达感觉，允许想象的。课堂上，樊老师启发学生说说自己愿意剪什么。一个孩子非常真实地说"我想剪一个巧克力"。这是在表达自己的感觉，也是具有想象的。不过，没想到的是，后面的同学都有样学样地说起食物来。在学生陷入"剪吃的"这样一个误区时，樊老师再把他们拉出来："除了吃的我们还能剪些什么？"这样就激发了学生的发散性思维，"剪房子""剪海龟"……最让人惊喜的是，有个孩子竟然说"我要剪个樊老师"。就是这样的一些言语表达，都包含着思维。童谣，使学生的思维得到提升和发展。

学生喜欢读童谣还因为它有很强的韵律，也就是它是押韵的（当然不是严格的平水韵之类）。押韵就是让发音器官在一定的时候做相同的动作，当我们有规律都做某个相同的动作时，就会有快感。在课堂上樊老师带领学生一起编童谣，如果能引导学生在编童谣的时候，对韵脚有点感觉，那就更完美了。比如学生说"剪薯条，剪披萨，再剪一个汉堡包"，如果我们能够引导学生改为"剪薯条，剪披萨，剪个汉堡吃掉它"，会更有韵律美。再比如，学生说"剪灯笼，剪扇子……"，我们可以顺势引导他说"剪个爱蹦跶的小兔子"。有一点押韵的感觉，学生会更开心。

教学片段（四）

师：看来我们小朋友想剪的有很多。我们学校有一个小朋友的奶奶就
　　非常会剪窗花。我把这位奶奶请来了，你们想不想看剪窗花？

生齐：想！

师：来，我们欢迎张奶奶。

师：小朋友们和张奶奶打个招呼。

生齐：张奶奶好！

师：因为剪一幅窗花要花很长时间，所以张奶奶大部分已经剪完了，她
　　留了一部分剪给小朋友们看。

张奶奶边剪边说：我们中国人过年的时候都要剪窗花，有了窗花，家里
　　　　　　　　就会很喜庆。

师：好，谢谢张奶奶。小朋友看，张奶奶剪的是什么啊？

生齐：鼠。

师：你们看鼠里面还藏着什么？

生1：藏着美丽花纹。

师：是啊，这里还藏着一个字呢，是什么字呀？

生 2：我觉得这个字是"福"。

师：嗯，今年是鼠年，张奶奶把最美好的祝福送给最可爱的你们。我们再来感谢张奶奶。其实在课前张奶奶剪了很多窗花，现在惊喜来了，从你桌子旁边的小篮子拿出窗花，把它举起来。

师：请你和小伙伴一起合作，把窗花背面的双面胶剥掉，剥下来的纸放在小篮子里。我们一起来贴窗花。

（小朋友们在精心制作的窗户板上贴窗花）

师：贴上窗花，我们的教室是不是更美了？我们再一起来美美地读一读童谣，剪窗花……

（师生拍手齐读）

专家点评

这节课很值得肯定的一点就是实践性特别强。把阅读和活动融为一体，让学生在活动中经历学习过程，获得学习经验。严格地说，"剪窗花"属于民俗范畴。在上海市长大的学生，很难接触窗花。于是樊老师教学的重点没有放在让学生们去懂得窗花，而是让他们去接触窗花，设计了像剪窗花、贴窗花、收藏窗花这样的环节。这样的设计很符合实际，很巧妙，有很强的实践性，让学生在实际的感触中去爱童谣，爱窗花，爱中华传统文化。

教学片段（五）

师：今天，樊老师带着大家读童谣，你们就是在"和大人一起读"。我还给每个小朋友准备了礼物，每个人的礼物信封里装了两首童谣和一幅窗花，窗花送给你收藏，是张奶奶给我们剪的；童谣呢，是我给你们准备的。回家后和爸爸妈妈一起，倒上一杯水，可以坐在沙发上，也可以坐在地板上，坐在床上，或者坐在阳台的摇摇椅上……和大人一起读童谣。

（师送礼物）

师：回去记得和爸爸、妈妈一起读童谣哦。小朋友们再见！

生：樊老师再见！

专家点评

从整节课的教学设计和实施来看,这是一节优质的语文课。因为它有"三个阅读",这"三个阅读"是阅读方式、阅读兴趣和阅读习惯。这"三个阅读"应该是语文课的题中应有之意,但教师在很多时候关注得还是不够,因为教师在语文课堂上更多的目标是聚焦于某一篇课文的解读,而很少去关注学生的阅读方式、阅读兴趣和阅读习惯。但是这"三个阅读"在樊老师的课上体现得非常好。两者的结合使得整节课的教学都处在一种轻松愉悦的气氛下,让孩子在无压力的情况下,读童谣、诵童谣、编童谣、赏窗花、贴窗花,使其身心处在一种愉悦的状态下,提高了学生的学习兴趣和积极性。正是因为这样愉悦,学生才会发出这样的心声:"这堂课我一辈子都不会忘记。"

案例反思

(一) 全程有"趣意"

兴趣亦称"爱好",是个人力求接近、探索某种事物和从事某种活动的态度和倾向,是个性倾向性的一种表现形式。兴趣在人的心理行为中具有重要作用。童谣富有情趣,是儿童特别感兴趣的一种文体,教学时可以根据这一特点再添一把柴,让"趣"发挥到极致。

在教学《剪窗花》这首童谣时,教师引导学生趣读童谣,做到入口入心,采用形式多样的趣读,如自读、互读、指名读、师生配合读、对读、拍手读等;注重循序渐进地趣读,从初读时的读准读通到再读时的读顺读溜。要求明确,层层推进,初读时主要是自主阅读,再读时教师参与,起到示范引导的作用。在多次朗读后,学生和同伴互相拍手读,从读对到会背,一遍一遍反复读了很多遍,但由于形式丰富,学生一直都保持着浓厚的兴趣、饱满的热情,多样有序的练读形式能让阅读活动趣味盎然。这样的活动设计使童谣趣味性强、易读易诵的特点得以彰显,学生的童真童趣得以呵护。

(二) 全面相"融合"

童谣教学的过程,就是潜移默化地进行中华优秀传统文化教育的过程,二者相互融合。《剪窗花》是民俗童谣，它带有浓厚的地方特色、浓郁的传统文化气息。阅读童谣，一方面是帮助学生积累语言，感受祖国语言文字的魅力，体味其美感；另一方面是为了以一种行之有效的方式传播中华优秀传统文化，渗透中国基因。正因为承担着这样的任务，所以，童谣的阅读过程就应当是传统文化教育的过程，两者各美其美，美其之美，相互交融，美美与共。

在教学《剪窗花》时，先组织学生进行各种动植物的简笔画的观赏，进而欣赏剪纸作品，引导学生说说观赏剪纸作品的感受。通过简笔画和剪纸两种不同艺术形式的对照，给学生视觉上以透空的感觉，带来艺术的享受，从而循着学生的好奇心理，激发其了解剪纸这一民间传统文化艺术形式的欲望。

教学中，在读懂、读熟童谣的基础上，鼓励学生创编童谣，引导学生把目光聚焦到窗花上，让其关注点与剪纸艺术交融，创编出一首首独具个性的童谣。课末，教师把相关拓展的童谣和别致的窗花当作礼物送给学生，期待学生带着中华优秀传统文化走出课堂，去接触更多的传统文化。整个过程由读入诵，由诵到说，由说到赏，由赏到藏，一环一环，环环相扣，思维灵动，落落大方。童谣里有窗花，窗花里有童谣，童谣窗花两相和。

（三）全心去"感触"

教学中，须引领学生去感触传统文化。学生读过一段文字可能会遗忘，看见过一种事物不一定记得牢，只有亲身经历，印象才会更加深刻。因此课堂上要带着孩子用自己的小手去触碰传统文化，用心去感受传统文化的内涵。

许多学生可能听说过窗花，但是真正见过的不一定多。针对学情，教师在课堂上设计剪窗花的环节，邀请拥有精湛剪纸技艺的民间艺人为学生现场示范剪窗花，学生看到小小剪刀下绽放的美丽窗花，顿时充满惊叹和钦佩之情。其实，儿童惊叹的何止是艺术家的剪纸技术，更是对中华民族优秀传统文化的认同，以及内心自然而然升腾起的民族自豪感。中华优秀传统文化中像剪纸这样的技艺还有很多，值得每一位华夏儿女去深入了解，细细探究，并为之骄傲、自豪。当然，精美的窗花光欣赏是不够的，当学生按捺不住想要摸一摸的冲动时，教师要顺势而为，带着他们一起去贴窗花，更深入地感触,体会窗花这种民间艺术的神奇。至此,童谣就在儿童的眼里、心里丰满、立体起来。

其实,优秀传统文化就在儿童身边,可读、可诵、可观、可摸、可玩!教师带着他们一起读童谣,编童谣,赏窗花,贴窗花,这是送给儿童最好的礼物。课堂上读的是一首童谣,认识的却是一种精湛的民间传统艺术,通过自己创编、教师拓展,走出课堂时就是两首,甚至更多的童谣。可以推想,学生还会读更多的童谣,了解更多的中华优秀传统文化。这,就是亲身经历、用心感触的力量。

如此教学,教师与学生一起乐陶陶地感受童谣之趣、语言之妙、文化之美,引领儿童触摸传统文化,为儿童的生命铺上温暖纯净、文化自信的底色。

上海市松江区第三实验小学校长、特级教师樊裔华　执教并撰文
华东师范大学中文系教授、语文教育研究中心王意如　点评

读童谣,让儿童触摸传统文化

——小学童谣教学路径

童谣,是由一代代人口耳相传的,在儿童口中传唱的,音节和谐、形式简短、读起来朗朗上口的歌谣。《义务教育语文课程标准(2011年版)》的"课程目标与内容"部分,在第一学段指出:"诵读儿歌、儿童诗和浅近的古诗,展开想象,获得初步的情感体验,感受语言的优美。"童谣虽与儿歌不尽相同,但都是激发学生阅读兴趣、获得初步情感体验的好素材,尤其是对于小学低年级的孩子来说,童谣是儿童阅读的启蒙,也是儿童接受传统文化浸润的有效方式。

一、小学语文统编教材童谣梳理

通过对小学语文统编教材的梳理,我们发现童谣主要出现在一年级的教材中,共四篇,其中一年级上册两篇,一年级下册两篇(详见表1-1)。随着年级的增加,童谣渐渐淡出教材,这种编排和儿童的身心发展、语言发展规律以及童谣自身的特点有关。

表1-1 小学语文统编教材童谣梳理

教材册数	页码	题目	教学目标
第一册	39	《剪窗花》	诵读并积累童谣;在欣赏窗花、贴窗花等活动中,体验中华优秀传统文化的呈现形式,进一步生发阅读的欲望。
	114	《春节童谣》	诵读并积累童谣;和家人一起参与过年的准备工作,体验中华民族春节文化的美好寓意,进一步生发阅读的欲望。
第二册	16	《摇摇船》	在朗读中感受童谣的趣味,激发对童谣的兴趣,积累童谣。
	100-101	《孙悟空打妖怪》	在形式多种的诵读中,感受童谣的韵味与趣味,进一步生发阅读的欲望,积累童谣。

二、童谣教学共性分析

通过对教材的梳理,我们可以发现童谣在教材中大多出现在“语文园地”中的“和大人一起读”板块,这就启示我们童谣作为“和大人一起读”的文本,它不同于其他阅读课文的教学,它更关注阅读氛围是否美好,阅读内容有无趣意,阅读方式是否丰富,阅读状态是否投入,阅读兴趣能否被激发。因此童谣的阅读要在轻松愉悦的氛围中进行,更多地关注学生阅读的趣味度以及孩子和大人同在的“阅读场”的建构。那么,究竟如何把握童谣教学的尺度呢? 以下从目标、方法和路径三个方面对童谣教学进行共性分析(见图1-1)。

课程基本理念	应激发和培育学生热爱祖国语文的思想感情，引导学生丰富语言积累，培养语感。（《义务教育语文课程标准》）
课程标准	喜欢阅读，感受阅读的乐趣；诵读儿歌、儿童诗和浅近的古诗，展开想象，获得初步的情感体验，感受语言的优美。（《义务教育语文课程标准》）
小学阶段学生认知水平	童谣主要出现在一年级的教材中，一年级的孩子们刚从幼儿园进入小学，识字量不多，对周围事物的认识还比较单纯，对于阅读还处于比较懵懂的阶段。但童谣是学生在学前就经常接触的文体，故阅读起来会亲切自然，不会产生畏难情绪。
童谣本身特点	童谣有三个特点：一是内容浅显，通俗易懂；二是有趣好玩，孩子们感兴趣；三是讲究押韵，读起来朗朗上口。

小学童谣教学的共性目标：激发学生的阅读兴趣

激发阅读兴趣的普适方法：多种方式诵读

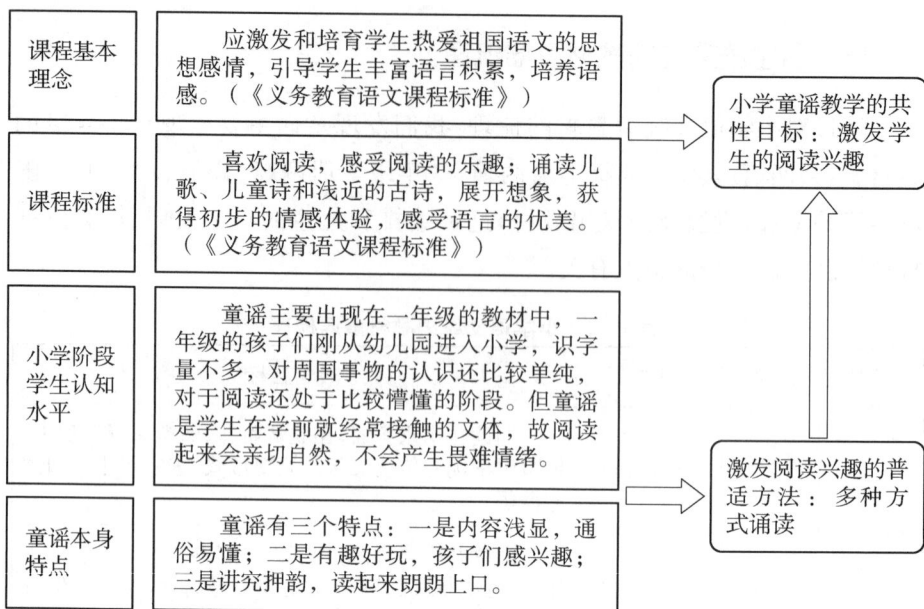

图 1-1 童谣教学共性分析

三、童谣教学个性分析

一年级上册"语文园地二"中"和大人一起读"板块的《剪窗花》是一首民俗童谣，其体现了中国博大精深的剪纸文化。本节课的教学分为五个板块（见图 1-2）：

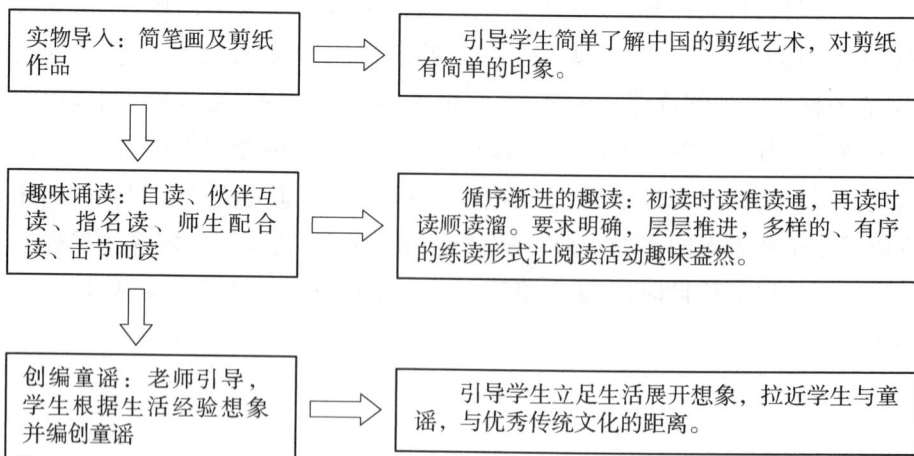

实物导入：简笔画及剪纸作品	引导学生简单了解中国的剪纸艺术，对剪纸有简单的印象。
趣味诵读：自读、伙伴互读、指名读、师生配合读、击节而读	循序渐进的趣读：初读时读准读通，再读时读顺读溜。要求明确，层层推进，多样的、有序的练读形式让阅读活动趣味盎然。
创编童谣：老师引导，学生根据生活经验想象并编创童谣	引导学生立足生活展开想象，拉近学生与童谣，与优秀传统文化的距离。

深入感触：欣赏剪纸，贴窗花，诵读童谣 ⟹ 引领学生用小手去触碰传统文化，用心去感触传统文化。

拓展阅读：将窗花和童谣作为礼物送给学生，邀请大人和孩子一起阅读 ⟹ 让珍贵的礼物袋延续学生对童谣和窗花的兴趣，邀请大人一起读童谣，让孩子读有所依，有交流分享的对象。

图 1-2　《剪窗花》童谣教学个性分析

四、童谣教学路径提炼

基于以上共性、个性的分析，以一年级上册"语文园地二"中"和大人一起读"板块的《剪窗花》为例谈童谣教学基本路径（见图 1-3）。

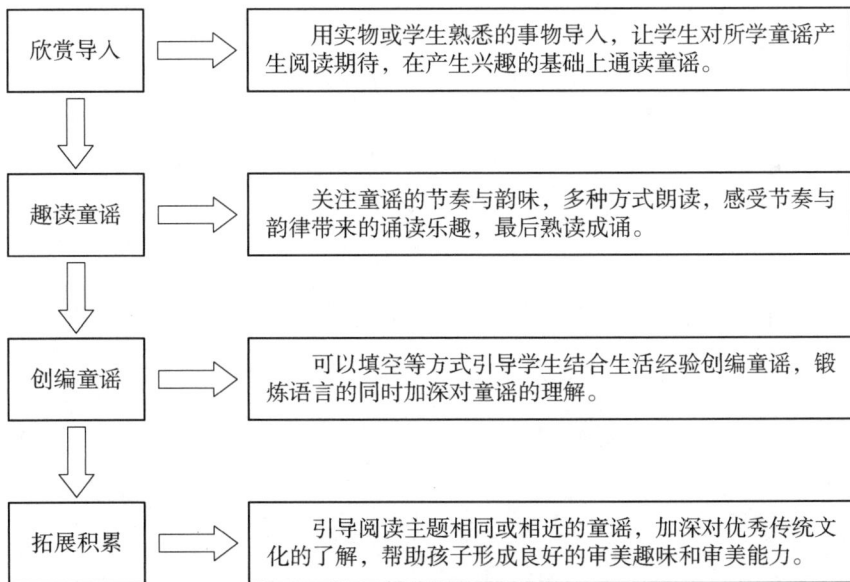

欣赏导入 ⟹ 用实物或学生熟悉的事物导入，让学生对所学童谣产生阅读期待，在产生兴趣的基础上通读童谣。

趣读童谣 ⟹ 关注童谣的节奏与韵味，多种方式朗读，感受节奏与韵律带来的诵读乐趣，最后熟读成诵。

创编童谣 ⟹ 可以填空等方式引导学生结合生活经验创编童谣，锻炼语言的同时加深对童谣的理解。

拓展积累 ⟹ 引导阅读主题相同或相近的童谣，加深对优秀传统文化的了解，帮助孩子形成良好的审美趣味和审美能力。

图 1-3　童谣教学基本路径

童谣题材丰富，形式多样，篇幅短小，语言通俗，形象生动。诵读童谣，重在引领学生在诵读中获得初步的情感体验，感受语言的优美；重在构建轻松愉悦的无压力阅读状态，激发学生持续阅读的兴趣。学生读着、拍着、玩着、笑着，以多种多样的形式趣味地诵读童谣，在不知不觉中浸润传统文化。老师机智有效地引领，学生情动而辞发，师生一同乐陶陶地感受童谣之趣、语言之妙、文化之美。

上海市松江区中山小学李灿影　提炼路径并撰文

第二篇　古诗词教学案例与教学路径

在吟唱和体验中传承传统文化

——《江南》教学案例

案例背景

　　《江南》是小学语文统编教材一年级上册课文单元的第三篇课文,是一首汉乐府民歌。"乐府"是汉武帝时设立的一个官署,职责是采集民间歌谣或文人的诗来配乐,以备朝廷祭祀或宴会时演奏之用。搜集整理的诗歌,后世就叫"乐府诗",或简称"乐府"。汉乐府诗是继《诗经》《楚辞》之后而起的一种新诗体,是古代民歌的又一次大汇集。所谓"感于哀乐,缘事而发",汉乐府诗以现实主义的创作方法真实地反映了汉代广阔的社会生活和人民的思想感情,不仅具有丰富的社会内容,而且具有深刻的思想意义,是《诗经》现实主义优良传统的继承和发扬。[①]

　　《江南》属于汉乐府诗中的相和歌辞一类,其歌辞多是"街陌谣讴"。诗歌前两行直接介绍了江南水乡是采莲的好地方,后五行写鱼儿在莲叶下游水嬉戏。诗歌主要通过对莲叶和鱼儿的描述,表达人们采莲时的愉快心情。[②]《江南》在内容上,描写了古时江南人民采莲的劳动场景;在表达上,运用重叠往复的句式,一人唱、众人和,反复咏唱,手法独特;在呈现上,水墨配图,色彩清新,格调高雅,具有传统诗画的韵味。

---

① 姚晓柏.汉语言与文学[M].北京:北京交通大学出版社,2010.
② 葛黎明.明快清纯宛如童谣——乐府诗《江南》赏析[J].时代文学,2009(22):174—175.

案例描述

教学片段（一）

师：江南有很多河流，有很多水，被称为水乡。有一首关于江南的诗歌，
　　我们一起来听听。

（生认真听音频唱《江南》）

师：喜欢吗？

生：喜欢。

师：刚刚唱的《江南》，是一首汉乐府民歌，到现在已被传唱两千多年了。
　　（屏显三幅水墨画）

生：哇！（很多学生情不自禁地发出惊叹声）

师：那时的人不管是三三两两一起聊天，还是在桥头看风景，在树下乘
　　凉，都在吟唱乐府民歌。

专家点评

　　给一年级学生教学《江南》这首古诗是很有挑战性的。除了识字、朗读、背诵外，首先，需要解决古诗理解的问题。古诗的语言并不是学生能够理解的，但又不能照本宣科地去讲解。其次，还需要解决传统文化传承的问题。在一年级上学期的一首汉乐府诗歌中，要完成这样的任务，老师需要根据学生的年段特点，适度把握，过犹不及。

　　本堂课，姜老师让一年级的学生认识中国传统文化的第一个途径是补充一些背景知识。姜老师并没有具体介绍汉乐府诗，只是突出告诉学生"两千多年了"，同时大屏幕上出现了三幅水墨画，具体形象，又充分突出了中华文化的源远流长。这符合一年级孩子的认知特点和发展规律。所以，相关的背景知识补充要适度。而这个背景知识能够引发学生自豪感就更好了。

　　在这个环节的教学中，姜老师让一年级的学生认识中国传统文化的第二个途径是补充跟课文内容密切相关的音频资料。看到两千多年前的人们吟唱汉乐府的图片，这是形象感知。从音频资料中听到优美欢快的《江南》吟唱，学生形象感知的力度和深度都在加深。这不仅激发了学生学习《江

南》的兴趣,还让学生感受到学习两千多年前的古诗没有那么难,学习汉乐府诗是一件很快乐的事情。

教学片段(二)

师:"采"就是用手摘树上的果实。根据这个意思,古人创造了"采"这个字。上面的这个部分就是——

生:人的手。

师:那下面就是——

生:果实和树木。

师:(出示"采"字的演变过程,如图2-1所示)后来"采"字逐渐变化,书写更方便了一些。

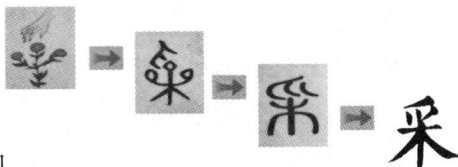

图2-1 "采"字的演变过程

现在的"采"字,上面是爪字头,就像是我们的手。小朋友右手举起来,握拳,树木上长出果实啦,左手采一采。

学生体验:举起右手握拳,左手准备采树木上的果实。

师:采了一个又一个,采了一个又一个,采了一个又一个……采也采不完。

(学生一边做动作,一边开心地笑,有的孩子甚至哈哈大笑,体会到了采摘和丰收的喜悦)

专家点评

中国汉字几千年历史,博大精深,源远流长,值得每一个中国人感到骄傲和自豪。教识字的时候,可以选取一些字,带着学生了解汉字从古到今的演变过程。当然,本课九个生字,选择哪个生字展示其古今演变,是要经过深思熟虑的。姜老师选择"采"字,非常恰当,会意字,很形象,其古今演变过程更直观、更容易辨认,学生也更感兴趣。

在语言环境中识字,了解到古人当时是根据生活经验造字的,从汉字的演变中也能触摸到中华文化。这样,学生就自然而然地在识字中感受到中华优秀传统文化的缕缕脉搏。这堂课在语文教学中传承传统文化方面很有意义。看一看汉字的古今演变,做一做动作了解汉字的意思,笑一笑体会汉字所代表的生活乐趣,一举数得,自然无痕。这堂课让我们认识到低年级的古诗教学如何跟一般的识字教学相匹配,又能够为我们传统文化的教学开拓新的经验。

教学片段(三)

师:鱼儿在莲叶间嬉戏,这么热闹的场景,你们想不想演一演啊?

生:想!

师:谁来做美丽的莲花呀?有的莲花盛开了,有的还没有完全开放,有的还是花骨朵呢!

(3名学生主动上台,做出不同的动作,代表不同形态的莲花)

师:莲叶圆圆的,绿绿的,谁来?

(3名学生上台,蹲下演莲叶)

师启发:在莲花旁边,低一点,在水面上。用动作表示一下,圆圆的。

师:自由自在的小鱼儿?小鱼有任务的,要在莲叶间做各种各样的游戏。

(5名学生上台,演小鱼儿)

师:下面坐着休息的小鱼儿,我们一起读一读这五行诗句。

生齐读:鱼戏莲叶间。鱼戏莲叶东,鱼戏莲叶西,鱼戏莲叶南,鱼戏莲叶北。

(台上的学生表演。)

师:小鱼儿多快乐啊!快乐得都唱起来啦!我们一起唱起来,小鱼儿会玩得更开心。

(生一起唱《江南》,台上学生表演)

师:多开心啊!鱼儿在莲叶间游戏,他们就是这么自由自在,快快乐乐。

专家点评

让学生认识中华传统文化,还有一个途径就是想象和表演。本堂课,姜老师让学生们想象池塘就在眼前,自己就是荷花、荷叶、嬉戏的鱼儿。在此基础上,请学生进行表演。我们发现,学生的表演把这首古诗的意境都表现出来了。

当然,既然让学生来表演,体验范围可以扩大。夏天,池塘荷花盛开,小鱼欢快嬉戏,多美好的画面啊!我们可以先选几个孩子,教给他们,进行示范。有了范本,学生就能自然而然地模仿和创造。然后可以分小组表演,挑选优秀小组进行展示。这样,全体学生都能充分发挥自己的想象力,都能亲身体验江南采莲、鱼儿嬉戏的场景,都能获得开心和快乐。这种亲身体验跟单纯记忆不一样。我们看到它、认识它、记住它,还不够,文化需要身体体验,心灵感受。古诗文教学中,想让学生真正体会传统文化隽永的意境,想象和表演是非常好的路径。

案例反思

《江南》是汉乐府相和歌辞的一首代表作,语言简洁明快,音调回旋反复,意境优美隽永,格调清新明快。在一年级教学《江南》,以此为例,窥一斑而知全豹,我们可以探知小学低年级怎样在古诗教学中进行文化传承。

(一)激发兴趣,适度补充材料

古诗,比如汉乐府诗,写成于几千年前。几千年,历史演变,社会变迁,思想更迭,教育变革。到现在社会背景下,要想学生能了解古诗所描述的内容,相关背景材料的补充显得尤为必要,能帮助学生感知、理解和记忆。当然,补充背景材料要把握适度的原则,要补充学生听一听能听明白的、看一看能产生兴趣的、想一想就觉得很了不起的材料。这样,补充的背景材料浅显易懂又紧扣文化传承的主题,学生从中能感受到中华文化的源远流长,从而激发学生的民族自豪感。当然,补充相关背景知识的方法有很多,比如故事、儿歌、视频动画、音乐等。古诗教学中,教师可以根据不同古诗、不同年段选择恰当的方式。

(二)识字教学,了解古今演变

中国汉字博大精深。东汉许慎在《说文解字》中把古文字的构成规则和造字方法概括归纳为"六书"。其中,象形、指事、会意三类字更能形象地展现中国汉字的古今演变。"象形者,画成其物,随体诘诎,日月是也;指事者,视而可识,察而见意,上下是也;会意者,比类合谊,以见指挥,武信是也。"[①]因此,教学中若要选择恰当的汉字,展示其古今演变,让学生感受中国文字

---

① 许慎. 说文解字[M]. 北京:中华书局,2013.

的神奇与历史传承，首先应该选择的就是象形字、会意字和指事字。

汉字神奇，就在于它有奇妙的变化，它漫长的历史演变反映着不同历史时期中国社会发展、思想意识、审美倾向等的传承与演变。中国汉字是中国瑰丽文化不可或缺的一部分。通过一个个汉字的古今演变图，小学低年级学生形象感知中国汉字的古今变化，在探索中激发兴趣，在兴味盎然的学习中感受中华优秀传统文化的厚重广博。

（三）古诗理解，想象和表演体验

一般而言，古诗描写的内容、场景，与当下学生的日常生活都有一定程度的脱节。要想让孩子们理解古诗，贴近文本意境，除了诵读外，想象和表演是非常好的方式，在所有古诗的学习中几乎都可以运用。想象和表演既符合小学低年级学生的年龄特点，又能更大程度地让学生从内心走进古诗描绘的场景，体验当时人们的喜怒哀乐、悲欢离合。当然，课堂教学中的想象和表演不应该是少数学生的专场，应更多地给学生以想象的空间、演绎的时间，让更多的学生参与、体验。如此，想象和表演这两种手段在学习古诗词、传承传统文化上能发挥更大的作用。

读、唱、想、演，一首首传统诗词，一缕缕传统文化，就在一个字、一句诗、一声吟唱中沁入儿童心间，代代传承。

上海市松江区泗泾小学姜丽萍　执教并撰文
华东师范大学教师教育学院教授、博士生导师董蓓菲　点评

诗画结合，以画悟情

——《望天门山》教学案例

案例背景

《望天门山》是小学语文统编教材三年级上册第六单元第一篇课文《古

诗三首》中的一首。本单元的语文要素是"借助关键语句理解一段话的意思",人文主题是"热爱祖国壮美的山河"。《古诗三首》中的《望天门山》《饮湖上初晴后雨》和《望洞庭》都是描写山水美景的古诗,旨在引导学生积累写景的古诗,感受祖国河山的壮美和传统文化的博大精深,激发学生热爱祖国大好河山的思想感情。

《望天门山》是李白赴江东途中行至天门山时所创作的一首七言绝句,描绘了波澜壮阔的长江从天门山中间奔流东去的雄奇景色。全诗在"望"字统领下展开,天门山的山形和长江的水色融为一体,壮丽的景象得到充分展现。诗的前两句即从"江"与"山"的关系着笔,着重写出浩荡东流的楚江冲破天门山奔腾而去的壮阔气势,又由于两山夹峙,浩阔的长江流经两山间的狭窄通道时,激起回旋,形成波涛汹涌的奇观。"天门中断楚江开"借山势写出水的汹涌,"碧水东流至此回"则是借水势衬出山的奇险。诗歌后两句"两岸青山相对出,孤帆一片日边来"的"出"字,不仅使本来静止不动的山带上了动态美,而且寓含了舟中人的喜悦之感——天门山好像在张开双臂欢迎从日边而来的孤帆,富有情趣。

整首诗紧扣题中"望"字,句句都是"望"中所得,但都不落"望"字,可见其构思高妙。全诗虽然只有短短的四句二十八个字,但意境宏大开阔,气魄雄浑豪迈,音节和谐流畅,语言形象生动,画面色彩鲜明,充分体现了李白豪放飘逸的诗风。

📖 案例描述

教学片段(一)

师:诗我们会读了,而且把诗中的画面也读出来了,诗句当中还有哪些不明白的地方?

生1:"天门中断楚江开"的意思是不是两个山中间开出了一道门,让楚江流过?

师:你在思考第一句中的"断"和"开"是什么意思。(师在板书上相应的字旁边打上一个小问号)还有问题吗?

生2:"东流"是流向哪里?

师:流到大海,大多数河流都最终流向了大海,是不是? 那这里"至此

回"又是什么意思呢?(师在板书上"至此回"旁边打上一个小问号)

师:还有问题吗?

生3:"两岸青山相对出"的"相对出"是什么意思?

师:这个问题提得非常好,很多人专门研究这个"出"字用得好不好。我们也一定好好研究一下。你一定是一个很会思考、很会学习的孩子。

生4:"孤帆一片日边来"的"日边来"是什么意思?

师:同学们真会思考,接下来我们带着这些问题再读一读古诗,小组内可以讨论讨论,试着说一说诗句的意思。

(生小组学习,讨论,小组内自说诗句的意思)

专家点评

落实单元的语文要素,首先我们要思考的是语文要素是什么;其次我们还要思考它要让我们做什么;最后我们要思考怎么做能达成语文要素所要彰显的东西。这需要我们不断思考。因而第一步我们要阐述这个语文要素。当我们把这个语文要素解释清楚了,阐释完整了,我们再去设计教学,这个时候就会不一样。

像《望天门山》的教学,围绕什么是中心意思、怎样抓住关键词句,赵老师分析得很好,这个题目就是关键内容,全诗就是在"望"字的统领下展开的。老师由《望庐山瀑布》的"望"迁移到《望天门山》的"望",两个"望"字都淋漓尽致地表现出诗人欣赏名山胜景的情状,视野高远辽阔,为全诗的感情定下一个基调。再如在教学诗句的意思时,老师先让学生自己读诗句,想想诗句中有哪些不理解的地方,提出心中的疑问。这些疑问其实就是学生理解诗句的关键字。抓住这些关键字,通过小组合作学习的方式,让学生展开大胆的想象,从而达成用自己的话说说诗句意思的目标。

教学片段(二)

师:刚才老师到每个小组看了一下,大家很会思考,能大胆想象,我们按照诗句的顺序来说说看。先来说说第一句。

生1："天门中断楚江开"就是说原来这座山是在一起的,然后楚江把这座山给隔开了。

师：这天门山被水隔开了。

生：被劈开来了。

师：同组的组员给你换了个词语,好像山被劈开来了,大家想到了这江水就像什么?

生1：江水就像一把刀。

生2：江水就像一把利剑。

生3：江水像一把菜刀。

师：菜刀太小气,江水就像一把刀、像一把剑、像一把斧子,把这天门山劈开、冲开,这江水怎么样?

生1：水流很急。

生2：这江水很汹涌。

生3：这江水波浪滔天、汹涌澎湃。

师：谁来把这种力量、这种气势读出来?

教学片段(三)

师：谁又来说说你对"相对出"的理解?

生1：我觉得就是两座大山的影子都在一个落脚点。

师：我有点没听明白,请你再说说。

生1：两座大山的影子都在同一个落脚点。

师：你的想法很奇特,老师建议你再读读诗句,听听别人的看法。

生2：我觉得是楚江把这两座山分开了,但是它们仍然可以每天面对面出现。

师：很好,她想象这山是面对面矗立在眼前,比方说这座青山跟谁是相对的呢?(师一边说一边请一个学生站起来,然后依次叫学生一个一个站起来,并相应地让其对面的学生站起来)我们可以去大胆想象,老师就是乘船顺流而下的李白。这船缓缓前行,他的眼前出现了两座青山,是不是? 再往前行?

生：又有两座青山向我迎来。

师：再往前行呢？

生：又有两座青山出现在我眼前。

师：再往前行。

生：又有两座青山出现在我眼前。

师：大家看，这两岸的青山就是这样，随着李白的船缓缓前行，一座又一座青山出现在他的眼前。

师：站起来的同学给你们一个机会，一起来读这句诗，好吗？

生读：两岸青山相对出。

师：谢谢你们帮助大家一起去想象、一起去读懂诗句的意思。

专家点评

古诗的教学不能只是理解诗句的意思，尤其对于三年级的学生而言，教学古诗要借助诗人的想象，启迪学生思维，想象其景，感悟其情。

《望天门山》的作者想表达怎样的意境呢？最基本的就是表现一种壮美的景象。诗人的诗句如何呈现这些景象？这些景象又是如何形成一幅幅画？这画中的美又如何让学生有所感悟呢？上课伊始，赵老师通过引导学生读注释，把天门山和楚江的形象通过简笔画的方式呈现在学生眼前。之后又让学生圈出诗中作者描写的景物，想象景物的色彩，将之前的简笔画的画面变得生动明丽，变得丰富多彩。老师很好地利用古诗"诗中有画"的特点，用画来将这抽象的意境具体化、形象化。这样可以唤起学生丰富的联想，从而更好地引导学生深入体会诗词中蕴含的意境。

光有画面还远远不够。天门山山势险峻雄崎，长江水流湍急、奔流不息，而这山和这水又是相辅相成的，山势突出水的汹涌，水势衬出山的奇险，而如何让学生感受这种意境，能够将诗的语言转化为现在的语言呢？

如第一句诗的教学，老师抓住"断""开"两字让学生展开丰富的想象：这把天门山"开"了的楚江水像什么？是什么样的楚江水把天门山劈开？引导学生展开丰富的想象，让学生在想象中感受楚江水的气势。

"相对出"是理解感悟诗意的一个难点，老师很好地用面对面、两两相对的学生扮演"两岸青山"，教师自己是乘船溯流而上的李白，诗人缓缓前行，

"两岸青山"就相继扑入诗人的眼帘。这样的情境创设,激发学生的兴趣,让"相对出"发生在自己眼前,诗中的画面也在这情境体验中流动起来了。

举象造境是对古诗意境的再创造。这样教学古诗不但能激发学生学习古诗的兴趣,更能营造轻松愉悦的艺术氛围,从而促进学生对古诗的欣赏,为学生将诗句转化成自己的语言提供支架。

案例反思

古诗学习切忌死板地一字一句翻译。古诗学习最终应该让学生的脑海中出现一幕一幕生动、真切、细腻、鲜活的画面和意象。创设情境,让学生在情境中体会诗句的意思和意境,是切实而有效的一个手段。[①]

（一）诗画结合,以画悟情

传统的古诗教学,我们一直在走模式化的道路:"知诗人,解诗题,读诗句,明诗意,悟诗情。"然而,学习古诗最忌死板地一字一句地翻译这样的教学模式,这样必然会使意蕴悠远的古典诗词变得淡而无味,也难以激发学生学习古诗词的兴趣。尤其是在教学意象丰富、画面感强的古诗时,更应打开学生想象的翅膀,让学生通过直观的图画,感受诗的神韵,领略诗的意境。在教学《望天门山》时,我采取"诗画结合"的方式帮助学生想象画面,理解诗意,收到了较好的效果。[②] 上课伊始,借助注释把作者远看天门山、楚江的景象用简笔画呈现出来。学习诗句时让同学们想象景物的色彩,继而为开始的简笔画"着色",将简笔画变得色彩丰富起来。"诗画结合"不仅让古诗的学习不再枯燥单调,也引导学生发现感受古诗呈现的色彩美,在"诗画"中理解诗句的意思。

（二）举象造境,感悟诗意

古诗教学除了引导学生品味琢磨诗人遣词用字之巧妙、诗词文字之华美外,更为重要的是引领学生领会诗的意境,感悟诗人要表达的思想感情。在古诗教学中,老师要善于创设情境,善于引导学生将诗句融入到具体的情境中,在情境中,让学生去想象、去发现、去感悟,从而将诗句转化成自己的

---

① 徐晓东,黄宇波.小学古诗教学,原来可以这样美[J].黑龙江教育(小学),2016(5):39—40.
② 张玉晶.诗中有画,画中语情——诗画结合教学古诗《望天门山》[J].课程教育研究,2015(24):122—123.

语言。比如教学"相对出"时,我以学生为"两岸青山",引导学生想象舟行江上,顺流而下,望着远处的天门山扑进眼帘,显现出愈来愈清晰的身姿,从而让学生体会诗所描绘出的流动的画面美,进而体会诗人内心的情感。

情与景的交融成就了诗词的意境美,正所谓"诗中有画,画中有诗"。用画来将这抽象的意境具体化、形象化,用情境拉近学生和诗人之间的距离,这样不仅可以唤起学生丰富的联想,而且能更好地引导学生深入体会诗词中蕴含的意境,领会诗人心中的所思所感。

上海市松江区泗泾小学赵红伟　执教并撰文
上海市教委教研室小学语文教研员、特级教师薛峰　点评

基于学情,彰显共性,兼顾个性

——小学古诗词教学路径

古诗词是中华文化的瑰宝,古诗词学习对传承、理解和发扬中华文化有着举足轻重的作用。

小学语文统编各册教材都安排了古诗词,现将统编教材(五·四学制)一至十册中的古诗词梳理出来,具体见表2-1所示:

表2-1　小学语文统编教材古诗词梳理

册次	编排形式	篇目	语文要素
一上	日积月累	《咏鹅》	
	课文	《江南》	
	课文	《画》	
	日积月累	《悯农(其二)》	
	日积月累	《古朗月行(节选)》	
	日积月累	《风》	

（续表）

册次	编排形式	篇目	语文要素
一下	日积月累	《春晓》	
	日积月累	《赠汪伦》	
	课文	《静夜思》	
	日积月累	《寻隐者不遇》	
	课文	古诗二首《池上》《小池》	
	日积月累	《画鸡》	
二上	日积月累	《梅花》	
	日积月累	《小儿垂钓》	
	课文	古诗二首《登鹳雀楼》《望庐山瀑布》	
	日积月累	《江雪》	
	课文	古诗二首《夜宿山寺》《敕勒歌》	
三上	课文	古诗三首《山行》《赠刘景文》《夜书所见》	运用多种方法理解难懂的词语。
	课文	古诗三首《望天门山》《饮湖上初晴后雨》《望洞庭》	借助关键语句理解一段话的意思。
	日积月累	《早发白帝城》	
	日积月累	《采莲曲》	感受课文生动的语言,积累喜欢的语句。
三下	课文	古诗三首《绝句》《惠崇春江晚景》《三衢道中》	试着一边读一边想象画面。体会优美生动的语句。
	日积月累	《忆江南》	
	课文	古诗三首《元日》《清明》《九与九日忆山东兄弟》	了解课文是怎么围绕一个意思把一段话写清楚的。收集传统节日的资料,交流节日的风俗习惯。
	日积月累	《滁州西涧》	借助关键语句概括一段话的大意。
	日积月累	《大林寺桃花》	了解故事的主要内容,复述故事。

册次	编排形式	篇目	语文要素
四上	日积月累	《鹿柴》	边读边想象画面，感受自然之美。
	课文	古诗三首《暮江吟》《题西林壁》《雪梅》	体会文章准确生动的表达，感受作者连续细致的观察。
	日积月累	《嫦娥》	
	课文	古诗三首《出塞》《凉州词》《夏日绝句》	关注主要人物和事件，学习把握文章的主要内容。
	日积月累	《别董大》	
四下	课文	古诗词三首《四时田园杂兴（其二十五）》《宿新市徐公店》《清平乐·村居》	抓住关键语句，初步体会课文表达的思想感情。
	日积月累	《卜算子·咏梅》	
	日积月累	《江畔独步寻花》	阅读时能提出不懂的问题，并试着解决。
	日积月累	《蜂》	体会作家是如何表达对动物的情感的。
	日积月累	《独坐敬亭山》	
	课文	古诗三首《芙蓉楼送辛渐》《塞下曲》《墨梅》	从人物的语言、动作等描写中感受人物的品质。
五上	日积月累	《蝉》	初步了解课文借助具体事物抒发感情的方法。
	日积月累	《乞巧》	
	课文	古诗三首《示儿》《题临安邸》《己亥杂诗》	结合资料，体会课文表达的思想感情。
	课文	古诗三首《山居秋暝》《枫桥夜泊》《长相思》	初步体会课文中的静态描写和动态描写。
	日积月累	《渔歌子》	
	日积月累	《观书有感》二首	
五上	课文	古诗三首《四时田园杂兴（其三十一）》《稚子弄冰》《村晚》	体会课文表达的思想感情。
	日积月累	《游子吟》	
	日积月累	《鸟鸣涧》	

（续表）

册次	编排形式	篇目	语文要素
	课文	古诗三首《从军行》《秋夜将晓出篱门迎凉有感》《闻官军收河南河北》	通过课文中动作、语言、神态的描写,体会人物的内心。
	日积月累	《凉州词》《黄鹤楼送孟浩然之广陵》	
	日积月累	《乡村四月》	体会静态描写和动态描写的表达效果。
	古诗词诵读	《采薇(节选)》《送元二使安西》《春夜喜雨》《早春呈水部张十八员外》《江上渔者》《泊船瓜洲》《游园不值》《卜算子·送鲍浩然之浙东》《浣溪沙》《清平乐》	

一、古诗词教学共性分析

研读《义务教育语文课程标准(2011)年版》(以下简称《课程标准》)、诗歌本身的特点、单元语文要素,不难发现古诗词教学有一定的共性,如图2-2所示。

二、古诗词教学个性分析

《课程标准》对各年段古诗词教学的要求、各年段各单元的语文要素、各年段学生的身心特点都不同,不同年段、不同的古诗,教学时重难点不尽相同。

1. 课程标准针对各学段古诗词学习的要求不同

《课程标准》的"课程目标与内容"部分,关于古诗词教学针对不同学段提出了不同的要求,具体内容图2-2所示。

可见,《课程标准》已明确各个学段的古诗词教什么、怎么教,也明确了各个学段的学生应该达到的目标:三个学段学习古诗都以"诵读"为重,注重想象,但其体验类目标不一样,第一学段是初步获得情感体验,第二学段要求能读懂诗文大意,第三学段能体悟情感,要求在不断提升。

《课程标准》

第一学段：诵读儿歌、儿童诗和浅近的古诗，展开想象，获得
初步的情感体验，感受语言的优美。

第二学段：诵读优秀诗文，注意在诵读的过程中体验情感，展
开想象，领悟诗文大意。

第三学段：诵读优秀诗文，注意通过语调、韵律、节奏等体味
作品的内容和情感。

诗歌特点

《沧浪诗话》中说道："诗有别趣。"即古诗本身就是充
满意趣的。中国的"诗"从出生那天就和"歌"密不可分，充
满音乐性。

古诗词所在单元语文要素

三上：运用多种方法理解难懂的词语；借助关键语句理解一段
话的意思。

三下：试着一边读一边想象画面；体会优美生动的语句。

四上：体会文章准确生动的表达，感受作者连续观察的细致。

四下：抓住关键语句，初步体会课文表达的思想感情；从人物
的语言动作等描写中感受人物的品质。

五上：初步了解课文借助具体事物抒发感情的方法；结合资
料，体会课文表达的思想感情；初步体会课文中的静态
描写和动态描写。

五下：体会课文表达的思想感情；通过课文中动作、语言、神
态的描写，体会人物的内心；体会静态描写和动态描写
的表达效果。

古诗词
教学共性

反复诵读
理解词句
展开想象
体悟语言
体验情感

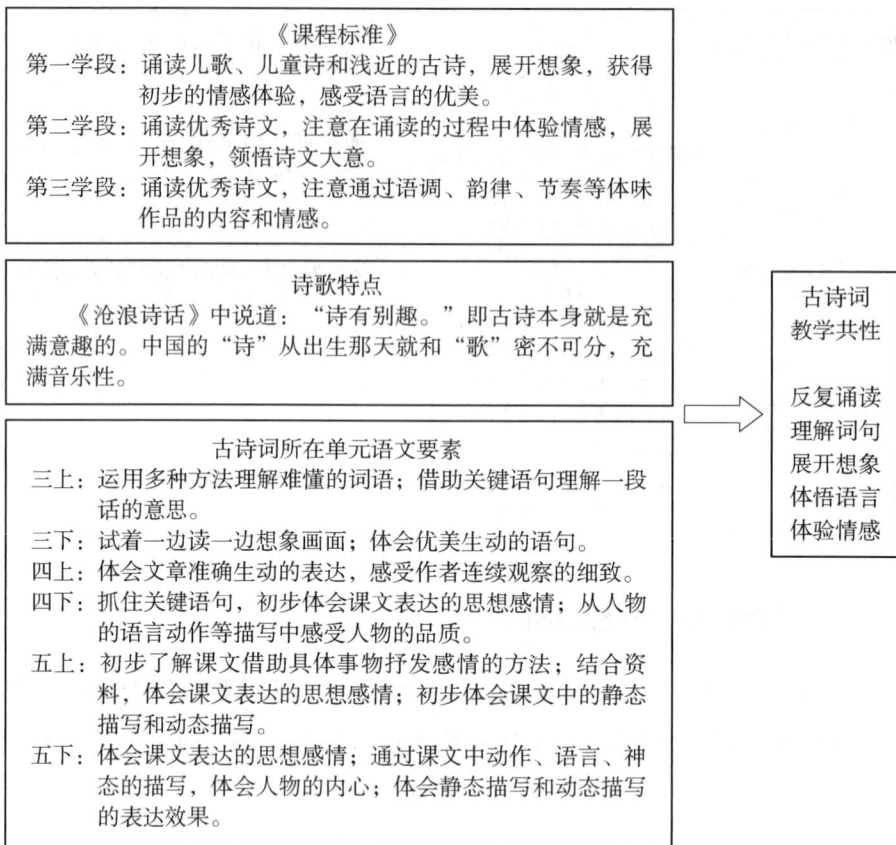

图 2-2 古诗词教学共性分析

2. 古诗词所在单元的语文要素有所不同

从图 2-2 中不难发现三至五年级古诗词所在单元的语文要素有相通之处，也有不同点。

3. 古诗词本身的特质不同

古诗词有着不同类别，如按音律可分为古体诗、近体诗，按内容可分为叙事诗、抒情诗、送别诗、边塞诗等。不同类别古诗词教法也有一定差异。

4. 不同学段学情不同

第一学段：学生处于启蒙阶段，以形象思维为主，好奇心强，善于模仿。

第二学段：学生处于思维的过渡期，概括、分类、比较、推理等抽象思维

能力逐步形成,但形象思维仍大于抽象思维。

第三学段:学生的抽象思维能力进一步加强,逐渐有了自己独特的想法,对生活有了一定的体验和感悟。

基于以上分析,小学古诗词教学应该基于学情,彰显共性,兼顾个性。

三、古诗词教学路径提炼

古诗词教学是语文教学的重要组成部分,但由于古诗词离儿童现实生活久远,其教学是一个难点。课堂上如何通过教师的引导让孩子穿越千年与诗人对话、与文本对话,让古诗词在孩子当下的生命中复活,让孩子在潜移默化中亲近古诗词,自觉传承中华传统文化的瑰宝,是语文教师应当研究的一个课题。要想将古诗词教到学生的心坎上、最近发展区,首先就要研究教材。

(一) 教材分析

《江南》在小学语文统编教材一年级上册第四单元,这是整个小学阶段的第一个课文单元,是真正意义上课堂文本阅读的开始。本单元中其他三篇课文是《秋天》《小小的船》和《四季》,体裁是现代散文和儿童诗,只有《江南》是古诗,且是古体诗。儿童在校园生活中第一次接触古诗。如何激发其兴趣、消除畏难心理,使之发现古诗好玩易学,感知传统文化意蕴深远,这首诗担负着非常重要的责任。《江南》出自乐府诗集,其特点如图2-3所示:

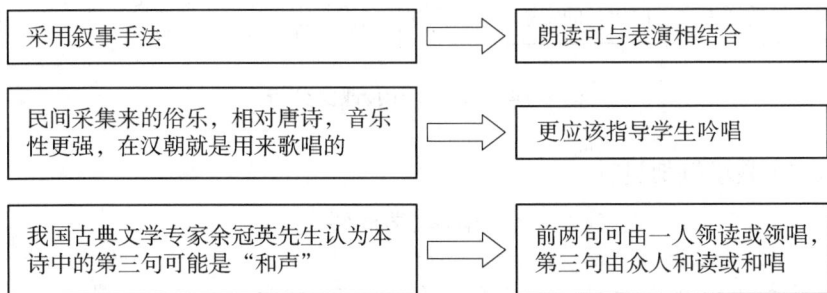

采用叙事手法	⇒	朗读可与表演相结合
民间采集来的俗乐,相对唐诗,音乐性更强,在汉朝就是用来歌唱的	⇒	更应该指导学生吟唱
我国古典文学专家余冠英先生认为本诗中的第三句可能是"和声"	⇒	前两句可由一人领读或领唱,第三句由众人和读或和唱

图2-3　《江南》课文分析

《望天门山》是小学语文统编教材三年级上册第六单元第17课《古诗三首》中的第一首,这一单元的人文主题是感受祖国壮美的河山,语文要素是借助关键语句理解一段话的意思。

《望天门山》描绘了波澜壮阔的长江从天门山中间奔流东去的雄奇景象。全诗以"望"字为统领展开,天门山的山形和长江的水色融为一体,壮丽的景象得到充分体现。本课有两道课后练习:

> 1. 有感情地朗读课文,想象诗中描绘的景色。背诵课文。默写《望天门山》。
> 2. 用自己的话说说下面诗句的意思。

分析《课程标准》关于中年级古诗词教学的目标与要求,以及本单元的语文要素和本课的课后练习,结合文中的插图、注释,可以发现小学语文统编教材编者对中年级学生学习古诗词学什么、怎么学、学到什么程度都有比较清楚的定位,如图 2-4 所示:

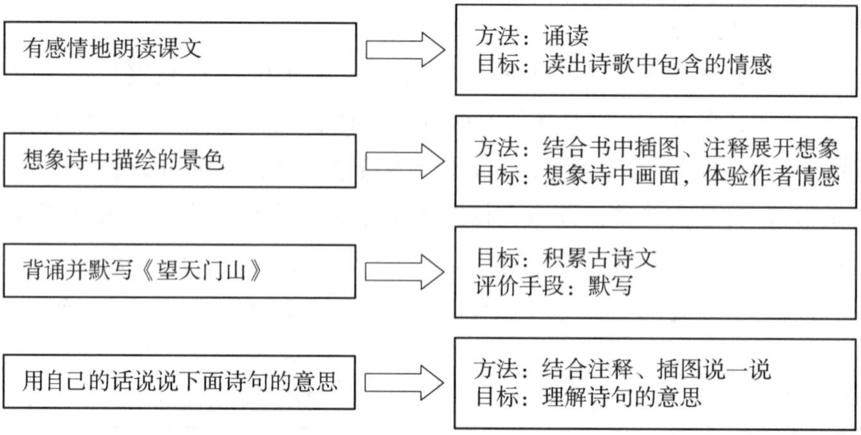

有感情地朗读课文	⇒	方法:诵读 目标:读出诗歌中包含的情感
想象诗中描绘的景色	⇒	方法:结合书中插图、注释展开想象 目标:想象诗中画面,体验作者情感
背诵并默写《望天门山》	⇒	目标:积累古诗文 评价手段:默写
用自己的话说说下面诗句的意思	⇒	方法:结合注释、插图说一说 目标:理解诗句的意思

图 2-4 《望天门山》课文分析

(二)教学框架设计

《江南》教学框架

> 1. 图片引入,联系生活——感受江南的美丽,初步了解汉乐府诗歌。
> 2. 想象画面,悟人之乐——借助图片认识"莲",了解"采"字从古到今的演变过程;边朗读边想象诗歌中描绘的画面,感受莲叶的茂盛、采莲姑娘的欢乐。

3. 读演结合,悟鱼之乐——想象鱼儿在莲叶间玩什么游戏,多种形式朗读之后,几位同学演荷花,几位同学演荷叶,几位同学演鱼儿,其他同学朗读古诗,在表演中体会鱼之乐。

4. 由读到唱,自得其乐——跟着采莲姑娘一起,划着满载着莲子的小船,唱着快乐的歌儿回家。

《望天门山》教学框架

1. 旧知导入,理解诗题——借助注释,理解"望",想象天门山的样子。

2. 诵读古诗,感知节奏——读准读顺,模仿教师的示范,读出节奏,读出韵律。

3. 想象诗画,感悟诗情——圈画诗中的景色,结合教师的简笔画,想象诗歌中的画面;抓住"断""开"等关键字感受楚江的浩荡和气势磅礴、青山的险峻和巍峨,进而体悟诗人的情感。

4. 抄写古诗,完成诗画作品——将古诗的画面和文字融在一起,加深对诗歌意象的感悟。

将两首诗的教学框架放在一起,不难发现,尽管两首诗歌所处的学段不同,诗歌本身也有差异,但具体教学路径很大程度上有共通之处:

1. 多种形式诵读感知

古人写诗总是和吟诵紧密联系。古诗词讲究字句整齐、押韵谐和、平仄协调、对仗工整等,读来有一种天然的韵律感。这就决定了古诗词的学习应当反复诵读,且诵读要求明确:由表及里、由易到难地读,在此过程中,学生得音、得韵、得画、得味,进而入情、入境、入心。清朝诗人李重华在《贞一斋诗说》中提到:"诗有三要:发窍于音,征色于象,运神于意。"按"字音、韵律、画面、韵味"层层递进诵读具有普遍性,学生经过多次这样的训练,不难举一反三。

《江南》一诗的教学,初读古诗,读正确、读通顺,字字落实正音调;再读古诗,读出节奏,悠悠扬扬得韵律;三读古诗,借助图片、动作、猜谜、教师引导语,创设情境,目知眼见得画面;四读古诗,借助表演、游戏,感受采莲人之乐、鱼之乐、唱诗者之乐,身临其境得韵味;最后再听歌唱版《江南》,边听边唱,沉入诗中两相忘。

《望天门山》一诗的教学中,教师在学生读正确的基础上鼓励学生自主朗读体会古诗节奏,在学生自主体会的基础上,再采用师生配合读、教师示范读等多种方式,让学生体会到古诗诵读时四三拍或者二二三拍的节奏(当然,除了四三拍、二二三拍,七言诗还可以二二一二拍、二二二一拍)。根据诗歌特点以及年段的不同,还可以引导学生去体会诗歌的平仄、押韵等。

2. 创设情境,想象体悟

《现代汉语词典》(第 7 版)中对"诗意"一词的解释是"像诗里表达的那样给人以美感的意境"。因此,"诗意"并不是简单指诗歌的意思,而是指向诗歌的文体特征和文学的审美特征。因此,古诗词的教学,应当引导学生通过诗歌意象的把玩,进入诗歌本身所营造的意境中,从而把握诗歌所展示的意象及其内在的意蕴,加强儿童的审美体验,提升其审美情趣。[①] 完成这一过程最理想的途径是想象。创设适切的情境,可以帮助学生更好地展开想象。

通过江南美景图、歌唱版《江南》、教师描述情景等,调动学生多种感官,打通学生与古人生活之间的壁垒。这是教师在着力"造境",激活学生的想象,引导学生"见""悟"。这样的教学抛弃了概念与逻辑,是对生命的唤醒,明心见性亦趣味无穷。

《望天门山》描写了诗人舟行江中顺流而下远望天门山的情景。作品意境开阔,气象雄伟,动静虚实,相映成趣,并能化静为动,化动为静,表现出一种新鲜的意趣。教学中,引导学生边读边想象,把静止的文字想象成一幅流动的画。本课的后两首诗《饮湖上初晴后雨》和《望洞庭》,学生也可以在读中想象,建构诗歌意象。

3. 适度补充、拓展和迁移

依据《课程标准》、文本特点及学生基础制定教学目标,适时、适度、适量、适切地引入古诗词的背景或其他相关内容,包括文字、音乐、图片、影像等媒介,把学生引向更为广阔的诗词天地,引领他们走进古典文化的境界中。

---

① 马林冲.读·品·赏——诗词教学的"三字决"[J].湖南教育 B,2014(6):42—43.

《江南》一诗的教学，补充江南这一文化意象以及"采"字从古至今的演变，在帮助学生更好地识字、理解古诗内容的同时，无痕渗透中国传统文化。

《望天门山》一诗，表达了25岁的李白初出巴蜀时乐观豪迈的感情，展示了作者自由洒脱、无拘无束的精神风貌。这样的背景不必对三年级学生讲，但教学时，教师可引导学生通过换位来体会诗人写诗时的心情，从而更深入体会诗中情感。

4. 记诵积累，内化语言

《课程标准》中明确要求各学段都要背诵积累一定数量的优秀诗文，背诵经典古诗文，可以使学生受到情感熏陶，享受审美乐趣，丰富语言积累。

《江南》一诗的教学，通过表演中读、游戏中读、唱诗，趣味盎然的同时也背诵了古诗。

《望天门山》一诗的教学，在多种形式诵读古诗的基础上，抄写积累古诗。

叶圣陶说："文学这东西，尤其是诗词，不但要分析地研究，还得要综合地感受。所谓感受，就是读者的心与诗人的心起了共鸣，仿佛诗人说的正是读者自己的话，诗人宣泄的正是读者自己的情感似的。"时隔千年，我们透过诗词如何还能触摸到诗人的心绪，感受诗人或欣喜，或怡然，或惆怅，或孤苦的内心呢?[①] 通过反复诵读，想象体验，适度补充，背诵积累等路径，或许能让古诗词在当下儿童的生命中鲜活复苏。

> 上海市松江区第三实验小学校长、特级教师樊裔华
> 上海工程技术大学附属松江泗泾实验学校张芹
> 提炼路径并撰文

---

① 樊裔华.古诗教学：在与儿童生活的链接中回到历史——以苏教版四年级上册《元日》教学为例[J].小学教学研究（教学版），2012(12)：19—20.

第三篇　寓言故事教学案例与教学路径[①]

构建"真"课堂，追求"实"素养

——《亡羊补牢》教学案例

案例背景

中华传统文化是中华民族人文精神的积淀，蕴含着丰富的智慧，是民族文化的瑰宝。在小学语文教材中，寓言是传统文化重要的承载形式之一，教师应巧妙运用寓言滋养学生的当下，让中国优秀传统文化潜移默化、润物细无声地传承下去。

《亡羊补牢》是《寓言二则》中的第一则寓言。课文讲的是：一个人第一次丢羊后，街坊劝他修羊圈、堵窟窿，他却认为羊已经丢了，不用修羊圈。第二天他又丢了羊，才后悔没有听街坊的劝告，于是赶紧动手把窟窿堵上，把羊圈修好。从此，他的羊再也没有丢过。在现实生活中，有"亡羊补牢"经历的人很多，因此，这则寓言具有很强的现实意义。

案例描述

教学片段（一）

师：（出示带拼音的词卡：寓言）这个词语谁会读呀？

生1：寓言。

---

① 本篇部分专家点评引自谢江峰著作《童年的语文》。——编著者

师："寓"是第四声,你读得很准确。

生2:寓言。

师:你的声音特别响亮! 学着他俩的样子,咱们一起读。(板贴词卡)

(全班齐读)

师:会读了,那你们知道什么是"寓言"吗?

(生面露难色,无人举手)

师:你们以前有没有读过什么寓言故事呢?

(生顿时神采飞扬,竞相举手交流:坐井观天、狐假虎威、守株待兔、自相矛盾、画蛇添足、郑人买履……)

师:哦,有些是以前课本里学过的,还有不少是你们从课外书中得来的,真不错! 寓言呀,往往会通过一个有趣的小故事,让我们明白一些道理。

专家点评

教学设计是整个教学活动的一张蓝图,为师生活动提供行动纲领,必须指向明确,具有可操作性。教师应在"以生为本"思想的指引下,充分发挥教学智慧,选择适当的教学策略,创设适切的教学情境,实施有针对性的评价方案,从而保证教学活动的顺利进行。

课堂是一个生成性的动态过程,存在许多教师无法预见的情况。在本堂课中,教师带领学生初步了解什么是寓言,问学生:"你们知道什么是寓言吗?"学生无一人举手。教师基于学情,及时调整教学设计,改问:"你们以前读过什么寓言故事呢?"课堂氛围马上热烈起来,学生纷纷作答。随后,教师继续跟进:"寓言呀,往往会通过一个有趣的小故事,让我们明白一些道理。"教师以此引导学生在已有知识的基础上触碰"寓言",初步了解"寓言"。

教学片段(二)

师:"亡羊补牢"的"亡"在这里是什么意思? 前面很多同学认为是"死亡",是这样吗?

生1：我觉得这里的"亡"不是"死亡"，是"丢失"的意思。因为这个人的羊被狼叼走了，街坊劝他修一修时，他说："羊已经丢了，还修羊圈干什么？"

师：你很会读书，回答问题也是有理有据。"亡"在这里是"丢失"（板书：丢失），"亡羊"就是——

生1：丢失了羊。

师："补牢"又是什么意思呢？

生2：把羊圈补好。

生3：把羊圈修好。

师：嗯，"补"就是"修"，这里修的是——羊圈。（板书：羊圈）刚才有同学把这个词语读错了，应该怎么读呢？

生1：羊圈（juàn）。

师："羊圈"是什么地方？

生2：关羊的地方。

生3：养羊的地方。

师：你们说得都对。用围栏把羊围在里面，羊很安全，这就是羊圈。看到这个"牢"字，你能想到哪些词呢？

（学生分别交流：牢固、牢房、牢笼）

师：是啊，这是我们生活中常用到的词，为什么在这里是"羊圈"的意思呢？我们一起来看看古时候的"牢"是怎么写的。

（出示："牢"字演变图）

亡羊补牢

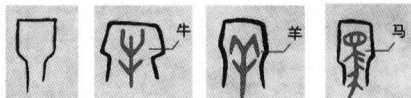

在古代，"牢"就是养牛、羊、马等牲畜的圈，故事里养的是羊，所以是——羊圈。

教学片段（三）

（生朗读第二自然段）

师：我从你们的朗读中,感觉街坊的话还没说完呢! 如果让他接着说,猜猜他会怎么说? 同桌俩说说看。

生1：赶紧把羊圈修一修,堵上那个窟窿吧! 如果不修,狼还会钻进来叼羊,羊就会越丢越多。

生2：赶紧把羊圈修一修,堵上那个窟窿吧! 如果不堵那个窟窿,就算狼没来,羊也会自己跑光的。

师：原来不修窟窿,后果这么严重啊! 谁再来读这个句子?

生3：赶紧把羊圈修一修,堵上那个窟窿吧!

师：你的朗读让我们感受到街坊的着急,还有情况的紧急。难怪街坊劝他赶紧修羊圈。（板贴：赶紧　修）

……

师：这时候他想起了街坊的劝告,很后悔。还记得街坊是怎么劝他的吗? 一起读。

生齐：赶紧把羊圈修一修,堵上那个窟窿吧!

师：他很后悔,那他又是怎么做的呢?

生3：他赶紧堵上那个窟窿,把羊圈修得结结实实的。

师：你在读这个句子时,觉得哪个词语可以强调读重一些?

生3：赶紧。

师：为什么呢? 大家是怎么想的?

生1：因为他现在明白了如果还不赶紧修羊圈,羊还会继续丢失。

生2：因为他知道了修羊圈的重要性,于是马上行动起来,速度很快。

师：看来他已经认识到自己的错误,赶紧补救,速度很快。（板贴：赶紧）（指板书）以前是街坊劝他赶紧修羊圈,他不听;现在呢,是他后悔了,自己赶紧堵上窟窿。他呀,有了很大的进步。我们一起读这一自然段。

🎓 专家点评

对于二年级阅读教学而言,识字、学词、读懂句子仍是教学重点,不可偏废。教学片段(二)中,教师抓住"亡"和"牢"这两个字,引导学生通过自由朗读课文,在文本中找到相关词句,从而正确理解"亡羊补牢"这个成语的意思。

教学片段(三)紧扣关键词"赶紧"开展课堂教学。"赶紧"在文中一共出现了两次,一次是街坊劝养羊人"赶紧把羊圈修一修",第二次是养羊人"后悔没有听街坊的劝告","赶紧堵上那个窟窿"。学生通过一遍又一遍地朗读、品味词句,读懂了这个故事,自然而然地感受到养羊人前后行为态度的反差,为后面理解故事的寓意做了很好的铺垫。

教学片段(四)

师:在生活中,也有不少像"亡羊补牢"的事情。你们有没有这样的经历呢？自己回忆一下,和同桌说一说。

生:有一次妈妈带我去商场买东西,我觉得扶手电梯好玩,就在上面跑来跑去。妈妈叫我不要在电梯上跑。

师:哦,妈妈可能觉得很危险。对于妈妈的建议,你接受了吗？

生:没有,我根本没当回事儿,结果一不小心摔了一跤,弄得自己鼻青脸肿的。

师:哎呀,那你当时一定很疼吧！记忆这么深刻,你有没有吸取教训呢？

生:当然啦,后来每次乘电梯时我都会想到这件事。我就会在心里默默提醒自己不要在电梯上乱跑,安全最重要。

师:你听取了妈妈的建议,及时改正了自己的错误,真是知错就改的好孩子。你能把这件事再完整地说一遍吗？

(生完整回答)

师:这就是属于你的"亡羊补牢"的故事呀！

专家点评

纵使课堂千变万化,但语文教学的基本理念不能变,那就是要关注学生的语言实践。本堂课最后一个环节是让学生说说生活中有哪些像"亡羊补牢"的事情。部分学生的表达或不完整,或没有答到点子上,教师并没有因为时间关系而忽略他们的表达,而是循循善诱,巧妙地追问,通过各种手段激励学生表达,使学生在一个安全的心理环境中,想说、爱说、会说,在帮助学生读懂寓意的同时,发展了学生的思维能力与口头表达能力。正如漪老师所说,学生的回答不在教师预设范围的情况下,教师更应该让学生继续表达下去。这些教学行为,再一次说明了教师具有很强的"生本意识"。

案例反思

(一) 以学为本,顺学而导,凸显教学本质

所谓"真"课堂,就是让学生成为课堂真正的主人,真正地开展学习。在"真"课堂中,师生的教学活动呈现动态,这就需要教师根据学生的学习状态不断调整教学预设,"顺学而导"。

比如课堂伊始,教学预设为引导学生学习生字"寓",读准字音,了解正确的书写顺序后,稍微触碰"寓言"的意义。而学生面露难色,无一人举手。教师及时改变教学策略,换了一种提问方式,使课堂气氛顿时活跃起来。学生在交流自己读过的寓言故事时,其实也是在触碰"寓言"的意义。如此看来,在语文课堂中,教师要努力践行"以学定教、顺学而导"的教学理念,一方面顺着预设目标引导学生进行课堂学习,另一方面还要时刻关注学情的发展变化,适当调整教学策略,形成真实的动态课堂。①

(二) 把握尺度,量"体"裁衣,守护语文之根

《亡羊补牢》是一则寓言,具有鲜明的体裁特点:寓言通过一个有趣的小故事,告诉我们深刻的道理,往往是"言在此意在彼"。学生在学习时,需要读懂这个故事,还需要去了解它背后的寓意。但怎么去完成这个目标,并非

---

① 赵洪,周爱华.着眼于学的实际着力于导的技巧——"以学定教,顺学而导"教学策略研究
[J].新课程研究(上旬),2013(6):56—61.

靠教师说教讲解,而应在具体的字、词、句的学习理解过程中,在贴近学生已有知识经验的语言实践中无痕渗透。

《义务教育语文课程标准(2011年版)》明确指出:识字是第一学段的教学重点,也是贯穿整个义务教育阶段的重要教学内容。寓言故事的教学也应该把识字教学放在首位,扫除生字障碍,才能为后来的阅读,以及一步步揭示寓意奠定基础。"亡羊补牢"这个故事流传上千年,不少学生看过或者听说过,但由于"亡"和"牢"存在古今异义,学生理解起来有困难。教学中通过"猜一猜""找一找",引导学生抓重点字来理解词语的意思。此外,结合朗读训练,采用多种形式进行"羊圈""劝告""后悔""赶紧""窟窿""街坊"等词语的教学,帮助学生读懂故事内容,感悟人物形象,感受故事趣味,并与自己的生活实际结合起来,初步了解寓言背后深刻的寓意。

(三)适时追问,鼓励探究,激发表达兴趣

语文课程致力于培养学生的语言文字运用能力,提升学生的综合素养。因此,教师不能只为教一篇课文而教,而是要引领学生走进文本,发现文字背后的东西。将思维由浅层次向深度和广度拓展,激发学生表达的兴趣,这才是教学最根本的目的。

在组织学生进行联系生活经验来说说关于自己的"亡羊补牢"的故事时,有的学生表达缺乏连续性,言而不明,言而无序,教师抓住他们回答中有价值的词、句加以追问和点拨,鼓励学生继续表达。如此一来,既帮助了学生进行语言实践,也在具体的语言实践中无痕渗透了这则寓言的劝诫意义。在这一过程中,教师的评价没有停留在简单的是与否的层面上,而是激励学生积极探究,深入思考,使他们的学习更深入化,将语言表达落到实处,以切实达到提升学生的语文综合素养的目的。

中华文化博大精深,是中华民族的骄傲。除了寓言,还有许许多多的宝藏。教师要通过有效的途径和方式传承中华优秀传统文化,以培养学生能力为目的,构建"真"课堂,让提升学生的语文素养贯穿于每一堂语文课中。

上海市松江区泗泾小学王金丽　执教并撰文
上海市教委教研室语文教研员邹一斌　点评

读讲故事，说想寓意，品悟文化

——《揠苗助长》教学案例

案例背景

"寓言"一词，最早见于《庄子》。它作为一种特殊的文体，言简意赅，篇幅短小，语言生动，所塑造形象异常鲜明，常借助比喻等手法讲故事，寄托意味深长的道理。

《揠苗助长》是小学语文统编教材二年级下册第四单元第 12 课《寓言二则》中的第二则故事。文章是根据《孟子·公孙丑上》改写的，记叙了宋国的一位农夫巴望自己的禾苗长得快而把禾苗一棵一棵往高里拔，结果导致禾苗都枯死了。这启示我们做事要遵循事物的发展规律，否则会适得其反。

寓言有其独特的教学价值，我国著名儿童文学家严文井说过："寓言是一个怪物，当它朝你走过来的时候，分明是一个故事，生动活泼；而当它转身要走开的时候，却突然变成了一个哲理，严肃认真。"寓言的"寓"是寄托，而"言"则是故事。寓言，寓之于言，就是把要说的道理寄托在所讲的故事里。寓言首先是个故事，因此读懂这个短小而生动活泼的故事，知道它写了什么，这是寓言教学的第一步。从故事中感受寓言的哲理，即这个故事告诉人们的道理，是寓言教学的第二步。这个故事的道理，即我们俗称的寓意，是怎么得出来的，这是寓言教学的第三步，也是寓言教学的最高层次。

案例描述

教学片段(一)

师：读着这个题目，你有什么疑惑吗？

生 1："揠苗助长"是什么意思呀？为什么"揠苗"就能"助长"呢？

师：好奇怪啊，"揠苗"怎么就能"助长"呢？看来我们得知道"揠苗"的意思。

生2："摁"是什么意思？是"压"下来吗？

师："摁"是什么意思，留给小朋友自己来解决噢。

生3：他是怎么帮助它长大的呢？

师：嗯，"助"是"帮助"，那是怎么样帮它长的呢？好问题。

生4：为什么要"揠苗助长"呢？

师：你们的小脑瓜里有好多好多的问题，"揠"是什么意思？揠苗怎么就能助长了呢？为什么要"揠苗"呢？带着这些问题，咱们把语文书翻到第58页，来读读这个故事，看看能不能解除你心中的疑惑。

专家点评

在本课教学中，教师引导学生先从课题入手，自主质疑，学生提出了诸如"'揠'是什么意思？""他为什么要'揠苗助长'？""他是怎么帮助它长大的呢？"等问题，进而引导学生读寓言故事，"带着这些问题，咱们把语文书翻到第58页，来读读这个故事，看看能不能解除你心中的疑惑"。学生自主设疑、自主阅读，明确故事的起因、经过、结果。带着学生认识寓言故事的顺序，是教学的开篇。

教学片段（二）

师：咱们赶紧读读这个故事的起因，自己轻轻地读，边读边圈画出描写农民心情的词语。

（生自读圈画）

师：好，咱们来交流交流你圈到的描写心情的词语。

生1：是"巴望"和"焦急"。

师：一下子圈到了两个。我们先来看第一个。

师：（出示课文第1自然段）"巴望"，谁能给它换一个词儿？

（学生分别交流：希望、盼望、渴望）

师：巴望呀，就是急切地盼望。小朋友来读一读这句话，你从哪里看出来这个农民急切地盼望禾苗长大。

生：天天到田边去看，"天天"。

师：天天到田边去看。孩子们，他昨天去了吗？

生：去了。

师：今天去了吗？

生：去了。

师：明天还会去吗？

生：去！

师：瞧，太阳火辣辣地照着大地，他又跑到田边去了，眼巴巴地看着他的禾苗，好像在说——

生1：我的禾苗，什么时候才能长大呢？

生2：禾苗呀，快长啊！快长啊！

生3：禾苗，你再不长的话，我就没东西吃了。

师：从你们的语气中，我们感受到这个农民是那么急切地盼望着禾苗长大。

（板书：巴望）

师：带着巴望之情，谁再来读读这一句话？

（生朗读）

师：请一名小朋友再来接着往下读，看看从第二句话中，你又感受到农民怎样的心情？

生朗读：可是，一天、两天、三天。禾苗好像一点儿也没有长高。

师：你体会到了他的心情了吗？说说看。

生1：他有点难受。

师范读："可是，一天，两天，三天，禾苗好像一点儿也没有长高。"什么心情？

生2：失望，禾苗怎么就不长呢？

师：我巴望着你快快长，你怎么就不听话呢！有点难过，有点失望。

专家点评

朗读是阅读教学的传统经验之一，其作用在阅读教学中不可低估。本课的朗读教学,教师不是一味地让学生重复或机械地进行朗读技巧的训练,而是基于故事内容,通过分角色朗读、表演朗读等各种形式,读懂故事大意,读清故事顺序,进而读懂寓意,做到读有目标、读有层次、读有进步。

寓言教学,仅仅让学生了解故事顺序和内容,显然是不够的。在教学中,教师带领学生分别读起因、经过、结果部分,"读读起因,感受农夫心情变化","了解经过,发现农夫又忙又累","发现结果,感慨农夫事与愿违",通过读故事走近人物,品味人物在整个事件中的心情变化,人物形象在课堂上"活"了起来,也深深印在了学生心里。

在具体的教学中,教师让学生在读的基础上找到相关描写人物心情的词,比如故事的起因部分,找到"巴望""失望""焦急"等词,然后创设情境,让学生联系生活经验体会农夫的心情,通过声情并茂地朗读或角色表演,感受农夫的心情变化。"品读"是本课教学的最大亮点,一个简单的故事,在学生的品品读读中,语言文字生动起来了,人物形象也丰满了,学生的学习趣味盎然。

教学片段(三)

师:农民忙得乐呵呵的,小禾苗乐吗?

生:不乐。

师:为什么?

生1:因为它被主人拔上来,感觉身体很疼。

师:哦,主人把它拔疼了。

生2:因为农民把小禾苗的生长顺序给弄乱了。

师:小禾苗的生长顺序,有意思。能给"顺序"换个词吗?

生3:他把小禾苗的生长规律弄乱了。

师:是呀,农民打乱了小禾苗的生长规律。那你们来读一读故事的结果吧。

(生读最后一段)

师:结果是,禾苗都——

生:枯死了。(板书)

专家点评

樊老师教学《揠苗助长》，紧紧扣住寓言的文体特征，引导学生借助故事，用语文的方式教学寓言故事，即充分朗读，读懂故事，在了解故事大意的基础上练习表达，说说故事，感受故事所蕴含的哲理，联系生活，揭示"揠苗助长"这个寓言故事的道理。

寓言教学的理想境界是读着读着把寓意读出来了。《揠苗助长》这节课达到了这样的教学效果。故事的结尾是这样的："他的儿子不明白是怎么回事，第二天跑到田里一看，禾苗都枯死了。"在教学，教师提出问题"农民忙得乐呵呵的，小禾苗乐吗?"再次让学生转换角色，引导学生思考小禾苗为什么不愿意这么做："被主人拔上来，感觉身体很疼。""他把小禾苗的生长顺序给弄乱了。""他把小禾苗的生长规律弄乱了。"这是学生最真实的表达，在朗读和发现中，学生认同，因打乱了小禾苗的生长规律，所以它才枯死了，这一观点已经非常接近这一则寓言的寓意了。

教学片段（四）

师：现在，你们能不能对照着板书，自己说说《揠苗助长》这个故事。

（生互相说）

师：好，孩子们，能讲了吗? 请一位同学来讲一讲。

（生用自己的话讲故事）

师：讲得真好!《揠苗助长》这个故事小朋友们都会讲了吗?

【板书设计】

揠苗助长

巴望　失望　焦急

筋疲力尽　　　一大截

枯死

🖼 **专家点评**

今天说"表达",很多教师常常狭隘地理解为给学生一个训练,让学生说一句话、写一段话,其实不然。"表达"是个大概念,是学生阅读后的畅快言说,体会后的自由叙述,感悟后的心灵独白。本课的教学,樊老师教学《揠苗助长》,让学生在朗读的基础上充分表达,为学生创设了一个表达的"场"。

读完故事的起因、经过、结果后,黑板上留下了几个关键词语,如起因部分,是描写农夫心情的词语"巴望""失望""焦急";经过部分,板书了两个词语,"筋疲力尽"和"一大截";结果部分写下了"枯死"这个词语。教师引导学生借助板书,用自己的话讲一讲这个故事。教学从读故事转化为讲故事,从书面语言转化为口头语言,从照着读的输入转化为学生自由讲述的输出。借助板书讲故事,既是对这个故事的整体回顾,也为揭示寓意做好铺垫。

教学片段(五)

师:其实生活中也有"揠苗助长"这样的现象,你瞧!这是在干嘛?(出示漫画1)

生:是,拔他的头,让他长得高一点。

师:谁拔谁的头,让谁长高?

生:爸爸拔孩子的头,让孩子长高。

师:这父亲也太急了吧!长慢一点就慢一点呗,急啥呀?爸爸这是在"揠苗助长"呢!继续看。这又是在干嘛呀?(出示漫画2)

生:有三个家长在把一个孩子的头往高里拔,就让他长得高一点。

师:只是让他长高吗?看看这孩子旁边——

生:还有一堆书。

师:还有一堆书,那是希望他干嘛?

生:希望他能够站到书上去。

师:能够拔高一点,站到书堆上去吗?

师:谁再来说说你的理解?

生:我的理解是三个家长希望他把这堆书都看完。

师:恨不得一下子就变成了什么?

生：一下子变成书呆子。

师：看看这孩子头上戴的啥呀？

生：带着大学生的帽子。

师：带着博士帽，所以爸爸妈妈恨不得他——

生：恨不得让他马上考上清华、北大，变成学霸。

师：恨不得让他一口吃成胖子，这爸爸妈妈也太急了，其实生活中这样的现象还有很多，课后小伙伴之间可以一起说一说。

专家点评

寓言中的"言"（故事），只是一个凭借，通过这个"言"，要传递的是"寓"（寓意），这是寓言的真正目的。因此故事的教学只是寓言教学的一部分，知道故事内容，学会讲述这个故事也只是教学的一部分。寓言教学要从故事到画面，从书面到口头，从课堂到生活，进而体会寓意。

学生自由讲述完故事，教师让学生观察两张图，一张是"爸爸拔孩子的头，让孩子长高"，另一张是"家长希望他把这堆书都看完……恨不得让他马上考上清华、北大，变成学霸"。为帮助学生从寓言中走出来，真正体会寓意，教师搭建了另一个学习支架，即观察图画，联系生活，表达故事之外的哲理。课堂上，学生的语言是鲜活而灵动的，《揠苗助长》的寓意在学生的表达中充分揭示了出来。

"教师对自己的教学内容有意识，即知道自己想教什么，在教什么，并且知道自己为什么教这些内容。"（王荣生《语文课程论基础》第2版）。《揠苗助长》一课的教学，教师对这一问题理解到位，因此教学内容清清楚楚，教学环节环环相扣。俄国著名寓言家陀罗雪维支说寓言是"穿着外衣的真理"，今天樊裔华老师的课，利用这一件外衣，教出了趣味，教出了特点，又让真理如此鲜明地在学生的朗读和表达中揭示出来。

案例反思

（一）找准阅读切入点，循序渐进读故事

课堂，当拾级而上，引领学生根据文本结构特点、故事发展顺序等循序渐入。

"读书百遍,而义自见",课堂上要给足学生自主阅读的时间,让他们在文本里走个来回。课始引导学生质疑,再带着自己和同伴的问题读课文,这样的阅读,学生会更积极主动地参与,也更有效。在教学《揠苗助长》一文时,先鼓励学生围绕课题质疑,带着问题读文,师生一起交流,初步理解"揠苗助长"的意思,同时明晰故事的发展脉络。

抓住关键语句品读感悟,是阅读的重要策略之一。在品读整个故事的过程中,可抓住"巴望""焦急""筋疲力尽"等关键词语,通过读一读、演一演等多种方式来体会农夫的心情,感受农夫的忙碌,感叹故事启人深思的结局,让儿童在阅读中学会阅读,在阅读中发展思维。

及至课尾,鼓励学生阅读相关寓言故事。这既是对课堂伊始讲到的"寓言"文体的一种回应,也体现了"主题阅读""群文阅读"的理念。长期坚持,学生会在教师的鼓励下,从一篇课文的阅读走向群文阅读、整本书阅读的广阔世界。

带着问题读,抓关键词品读感悟,课后拓展阅读,找准学生的阅读切入点,循序渐进读故事,在阅读的过程中读懂故事内容,感悟人物形象,提升思维品质。

(二)结合生活实际,由浅入深明寓意

寓言故事蕴含着深刻的寓意,其魅力往往在以具体事例表达适合万物的真理,以小见大。如何引导学生"见大",而不拘泥于"小"呢?这需要教师见微知著,根据学生已有认知水平合理设计教学,从学生能理解的生活现象入手,引领学生从生活经验中得到联系和启迪,慢慢感悟其中道理。

《揠苗助长》这则故事,在农夫的儿子发现禾苗枯萎时戛然而止,需要教师去引导学生逐步探明作者的意图和文章的主旨。具象的故事中蕴含的是抽象的关于"自然规律"的真理,学生需要从"禾苗被拔高"和"禾苗因为被拔高而枯萎"这两种现象中体察出"禾苗是不能被拔高的"这一规律,从而懂得万物都有它们自然生长的规律,不能违背自然规则,人为的改变往往会适得其反。学生通过阅读从寓言中品悟道理,如何切身体会?需要教师为学生提供支架,引导其由浅入深结合生活感悟寓意。①

---

① 钟仁侠. 关于小学语文中寓言教学的研究[J]. 课程教育研究,2017(25):33—34.

《揠苗助长》与学生最直接有关联的便是学习生活中的"规律",许多家长希望自己的孩子能"赢在起跑线"上,往往拔高要求对孩子进行"填鸭式"的教育。教师可以此作为切入点,引导学生观察漫画,结合生活中的现象说一说。这一是落实课后习题中"说说生活中'揠苗助长'现象";二是通过学生切身的体会,更能接受和理解"揠苗助长"深层次的含义,教学得到事半功倍的效果。

由此可见,结合生活实际,为学生提供合适的支架,引导感悟,是由浅入深揭示寓意的有效手段。

(三) 贴合儿童心理,适度品悟传统文化

游戏,是儿童的主体性活动,喜欢游戏,是每个儿童的特质。教师要根据儿童的心理特点,寓教于乐,在教学中创设适切的游戏场景,如教学《揠苗助长》,教师引导学生演一演"焦急的农夫是怎么做、怎么说的",切身感受"筋疲力尽",更深入地了解故事内容,感悟人物形象,为感悟寓言中所蕴含的道理架设梯子。经历了角色体验,教师可引导学生说说揠苗助长这个成语的含义,当然,教学还不应止于此,需继续往前一步,引导学生阅读揠苗助长背后的传统文化故事,以及其他相关的传统文化知识,从传统文化的角度凸显揠苗助长背后的教育意义,帮助学生树立正确的人生观、价值观。

上海市松江区第三实验小学校长、特级教师樊裔华　执教并撰文

上海市松江区泖港学校(五厍学校)校长、特级教师谢江峰　点评

让传统文化滋养学生的当下

——小学中国古代寓言故事教学路径

寓言是一种特殊的文学体裁,以比喻性的故事来寄托意味深长的道理,给人以启迪。《义务教育语文课程标准(2011 年版)》(以下简称《课程标准》)的"课程目标与内容"部分,在第一学段指出:"阅读浅近的童话、寓言、故事,向往美好的情境,关心自然和生命。"这就明确了寓言在语文教学中

的地位,以及其育人的价值。

小学语文统编教材在低年级、中年级都安排了寓言,具体如表 3-1 所示:

表 3-1　小学语文统编教材中国古代寓言故事梳理

册次	编排形式	篇目	类别	语文要素
二下	单课 (一课两篇)	《寓言二则》 (亡羊补牢; 揠苗助长)	中国古代寓言	根据课文内容,谈谈简单看法
三下	单元 (一单元四篇)	《守株待兔》 《陶罐与铁罐》 《鹿角和鹿腿》 《池子与河流》	中国古代寓言;中国当代寓言;伊索寓言;克雷洛夫寓言	读寓言故事,明白其中的道理

一、中国古代寓言故事教学共性分析

结合《课程标准》、小学语文统编教材低、中年级编排,可以基本确定小学语文统编教材寓言教学的共性,如图 3-1 所示:

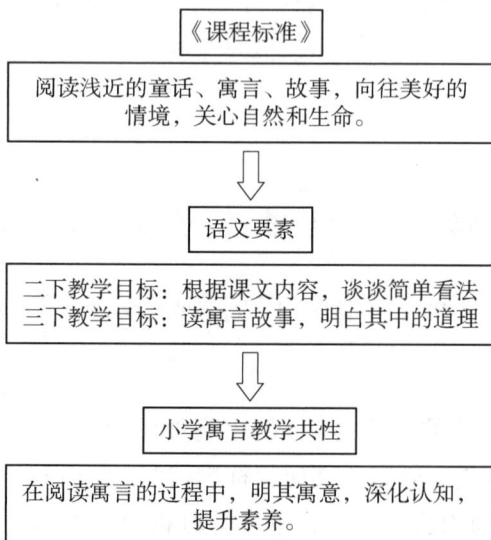

《课程标准》

阅读浅近的童话、寓言、故事,向往美好的情境,关心自然和生命。

⬇

语文要素

二下教学目标:根据课文内容,谈谈简单看法
三下教学目标:读寓言故事,明白其中的道理

⬇

小学寓言教学共性

在阅读寓言的过程中,明其寓意,深化认知,提升素养。

图 3-1　中国古代寓言故事教学共性分析

二、中国古代寓言故事教学路径提炼

中国古代寓言故事既是中国式的故事,又是中国文化的智慧之光,具有较高的文学价值和教学价值。结合项目研究目标阐释:培养低年段学生对中华优秀传统文化的亲切感,进而提升学生对民族传统文化的自信心和认同感,提升学生的文化素养。我们在提炼教学路径前,先进行教材研究与教学框架确定。

(一)教材分析

小学语文统编教材二年级下册的《寓言二则》,包括《亡羊补牢》《揠苗助长》两则故事。两则寓言故事情节简单有趣,都把深刻的道理寄寓在短小的故事中,故事浓缩成了两个常用的成语,给人以启发与教育。可以说,这是极富传统文化特色的教学内容。如何将这样的传统文化要素传递给学生?课题组首先进行教材研究。以下是本课课后练习:

---

1. 说说"亡羊补牢""揠苗助长"两个成语的意思。

2. 读一读,说说每组的两个句子有什么不同。

3. 生活中有类似"亡羊补牢""揠苗助长"的事例吗?和同学交流。

仔细分析这三个学习任务,可以发现统编教材编者对二年级学生学习寓言的清晰定位(见图 3-2):

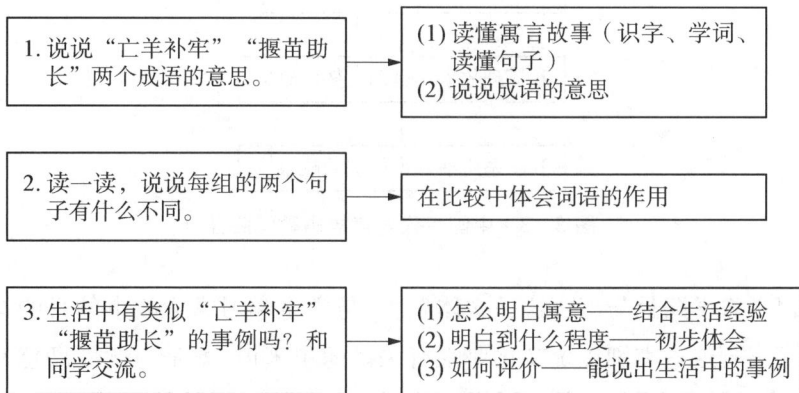

图 3-2　小学语文统编教材中国古代寓言故事学习定位

（二）教学框架设计

《亡羊补牢》教学框架

1. 猜意思——根据故事想意思——比较规范地说意思
2. 抓住故事脉络梳理故事内容（学生层面：识字、学词、理解句子；教师层面：提炼能帮助学生说故事内容的词语）——借助支架（提示）说故事
3. 联系生活，说类似的事例

《揠苗助长》教学框架

1. 揭示课题，质疑——根据问题读课文——释疑——比较规范地说意思
2. 根据故事的起因经过结果梳理故事内容（学生层面：识字、学词、理解句子；教师层面：提炼能帮助学生说故事内容的词语）——借助支架（提示）说故事
3. 联系生活，说类似的事例

（三）教学路径提炼

将这两堂课的框架放在一起，就能发现低年级中国古代寓言这一类别传统文化要素的基本教学路径（见图3-3）：

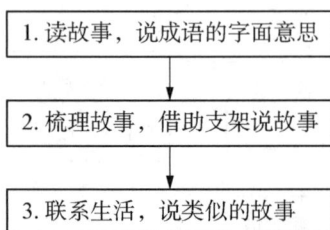

1. 读故事，说成语的字面意思

↓

2. 梳理故事，借助支架说故事

↓

3. 联系生活，说类似的故事

图3-3　中国古代寓言故事教学路径

以上教学路径与寓言这一文体有关，与学生学习寓言故事的目的有关，与落实寓言这一类别传统文化要素有关。简单来说，就是与读懂寓意有关。寓意怎么读懂？看似在第三步做这件事，实则从一开始就在做这件事。第一步是大致感受寓意；第二步是借助故事本身，进一步感受寓意，学生在感

受人物形象和故事情节的过程中,对寓意的理解也就逐渐加深;第三步是将故事中的寓意迁移到学生的实际生活。在故事的语境中说寓意不是学生学习寓言的最终目的,学生学习寓言的最终目的是为了能联想到生活中的事,也许是自己身上的,也许是别人身上的,关键是要架起从文本到生活的桥梁。

进一步来说,通过这样的教学路径,让寓言中的寓意不是停留在课本上,不是停留在寓言故事本身,而是走进学生的生活,唤醒学生的经验,激活学生的认知,将传统文化与学生当下的生活无缝对接,让传统文化滋养学生的当下,让传统文化不是发生在故事里面,而是活化于每一个当下的"我"的生活里面。

上海市松江区教育学院小学语文研训员郑艳　提炼路径并撰文

第四篇　神话故事教学案例与教学路径

大胆想象，生动讲述，感受神奇

——《羿射九日》教学案例

案例背景

　　神话是一种民间文学体裁，是古代人类创造的反映自然界及人与自然关系的具有高度幻想性的叙事作品，是劳动人民对自然、对世界的独特理解和美丽向往。神话充满了神奇的幻想，塑造的形象个性鲜明。

　　《羿射九日》是小学语文统编教材二年级下册第八单元的最后一篇课文。这个神话故事在《山海经》《淮南子》《天问》等古籍中均有记载。故事讲述了调皮的十个太阳不轮流值日，一起跑出来炙烤大地，神箭手羿为了帮助人们脱离苦海，射下九个太阳，只留下一个太阳，让大地重新现出勃勃生机的故事。故事情节引人入胜，表现了上古时代人类征服自然的愿望。

　　神话一词中的"话"，表明神话是一种口头文学，是在口口相传中永生的。因此，神话故事教学可以在读懂故事的基础上，引导学生通过讲述故事的方式感受这一文体的特点。首先，读通课文，整体把握故事结构，根据起因、经过、结果讲述故事。接着，在品读故事的过程中，引导学生提炼关键词句，感受神奇色彩和鲜明的人物形象，具体讲述故事。最后，结合插图，紧扣神奇，引导学生大胆想象，创编故事，生动讲述，这体现了神话的魅力及育人价值。

案例描述

教学片段（一）

师：谁来交流你觉得充满神奇色彩的句子？

生：在第四自然段，那个太阳一下子爆裂开，一团团大火球到处乱窜，接着，噗噗地掉在地上。还有一个，太阳爆裂开了，现实中的太阳是不会爆裂开的。

师：真会找，太阳爆裂开了，让我们一起来感受一下当时的场景吧。（播放视频）羿的这一箭果然是又快又猛啊。还能从哪里感受到神奇？

生：老师，我找的也是这一句。

师：哦，这句当中还有哪里可以让你感受得到神奇？

生：这里这个"噗噗地掉在地上"。

师：你连这个象声词都找到啦，从这个词语中，我们能生动地感受到火球掉落在地上时的情景，真会找。还有吗？

生：这里有一个"窜"。

师：大家来看，"窜"的本意是老鼠逃到洞穴里，是它在乱跑。那到处乱窜的意思就是——

生：到处乱跑。

师：你们看，通过这些关键词，太阳爆裂开、火球到处乱跑的情形就这样生动地展现在了我们眼前。谁能带着感受读这个句子呢？

生：那个太阳一下子爆裂开，一团团大火球到处乱窜，接着，噗噗地掉在地上。

师：嗯，我感受到了羿这一箭的力大无穷。

专家点评

阅读是一种文体思维，教学时教师应站在学习"一类"课文的角度，思考并设计教学活动。神话一词中的"话"，表明神话是一种口头文学。这类课文的教学可以在读懂故事的基础上，引导学生通过讲述故事的方式感受文体的特点。神话的魅力在于具有鲜明的人物形象和充满了神奇的想象。引导学生品读故事内容,提炼关键词句,品悟神奇的想象,"感受"是讲好故事的关键。教学中,教师在学生品读关键词句的基础上,适时播放"太阳爆裂"视频,让学生直观感受神奇场面,进一步体会羿英勇无畏、本领高强的英雄形象,为学生结合插图大胆想象做好了铺垫。

教学片段(二)

师:默读了故事,找到了觉得神奇的内容,谁能讲一讲羿是怎么射日的?

生交流:羿决心帮人类脱离苦海,他翻过九十九座高山,蹚过九十九条大河,来到东海边。他登上一座高山,拉开神弓,对着天上的太阳"嗖"的就是一箭,太阳一下子爆裂开,一团团火球到处乱窜,接着掉在了地上,羿一口气射下了九个太阳,拔箭准备射下最后一个太阳。最后一个太阳害怕了,慌慌张张地躲进东海里。羿想,如果射下最后一个太阳,世界将会没有光明,人类和动物没法生存。于是羿留下了最后一个太阳。

师:他说得怎么样?

生1:我觉得他讲得很清楚,因为他把羿怎么射太阳都讲清楚了,并且羿拉开神弓、搭上神箭这些细节都说清楚了。

师:讲神话故事,就要把这些让你感到神奇的细节讲清楚。谁再来评?

生2:他用上了黑板上的关键词,把羿射日的经过讲具体了,让我觉得很神奇。

师:他用上了哪些关键词呢?

生3:用上了"搭"。

生4:还用上了"拉""翻""蹚"和"登"。

师:老师还听到他在讲故事时,特别强调了羿翻过九十九座高山、蹚过九十九条大河。你们觉得这样说好不好?

生5:我觉得很好。从没有人能一口气翻过那么多座山、蹚过那么多条河。

师:是啊,通过数量词我们能感受到羿充满了神奇的力量。这就是神话故事的魅力。

专家点评

在能够根据课后表格提示,抓住关键词句,具体讲述故事的基础上,开展教师评价、生生评价、自我评价,加深了学生对文本情感的体会,进一步感受到神话中的英雄人物具有超凡能力,神话就是通过极其夸张的语言使故事蒙上神奇色彩的。依托课后表格讲述故事,能够帮助学生正确把握故事结构,有顺序地把故事讲具体,有效落实了本课教学的重点,体现了语文教学中的文体意识,为接下来展开想象,把故事讲生动打下了良好的基础。

教学片段(三)

师:看看课文插图,你能发现和感受到不一样的神奇吗?

生1:羿没有穿鞋就爬上了山顶。他的脚都要被烧坏了。

师:你关注到了羿的穿着,居然不怕被火烧,观察得仔细。还有吗?

生2:他头上戴了根羽毛。

师:从他的头饰上,也感受到神奇了。还有吗?

生3:他的身上都是肌肉。

师:观察得真仔细,连羿的肌肉都看清楚了。真棒啊。

生4:还有就是掉下来的那个太阳,羿的箭居然不会被烧掉。

师:嗯,工具也非常神奇。小朋友们看,羿在熊熊烈火之中,对准天上的太阳就要射出这一箭了。图片果然能让我们感受到神奇。现在,小朋友们,你能把图片上感受到的神奇也放到故事中去,再来讲一讲羿射下九日留下一日的经过吗?

专家点评

本单元语文要素:根据课文展开合理想象,深入理解课文内容。借助课文插图,将神话故事想象大胆的特点渗透于学生的学习经历和生活体验中,既能满足学生的接受意趣,培养他们的观察力,丰富他们的想象力,又能使他们深切体会中华民族的伟大精神,激发他们的民族自豪感。

教学中借助图片,从人物服饰、神态、周围环境等方面启发学生主动发现和想象人物勇敢威猛的表现,感受神箭手羿一心要征服自然、救百姓于水火的高贵品质。在展开丰富想象的基础上,将对神奇色彩的深切感受内化成语言,融进故事生动地讲述出来。此时的讲故事已不再是单纯意义的讲故事,而是对故事的进一步创编,将学习推向更高层次的学,把学生的思维引向更深处。在这样积极的语言实践过程中,学生在敬佩英雄人物、感受神话魅力的同时,民族文化认同感油然而生。

案例反思

《羿射九日》是一篇充满神奇色彩的神话故事,语言简洁生动,充满想象力,表现出了羿刚毅有力、英勇无畏的英雄形象。在二年级教学这篇课文并以此为例,可以探知如何在小学低年段的神话故事教学中进行文化传承。

(一)品读讲述,体会故事性

神话故事有四个特征,即故事内容"超常规"、想象夸张"超神奇"、人物形象"超英雄"和故事主题"超壮美"。《羿射九日》这篇神话故事是小学阶段学生们学习的第二篇神话故事,也是他们第一次通过具体的文本内容感受以上这四个特征。学习课文时,应该根据学生的认知与理解能力,引导学生在读故事、讲故事的语言实践中,感受神话故事的神奇色彩,知道神话中的人和事是古代劳动人民想象出来的。

基于神话的文体特征,讲述故事经过部分时,主要采用了这样的方法:①默读第 4 - 6 自然段,根据表格中的提示独立讲述故事经过。②指名讲述,在评议中提炼关键词,有顺序地把经过部分讲具体。③结合插图,紧扣神奇,引导学生大胆想象,创编故事,生动地讲述故事。

从默读故事,根据提示讲述故事,到品读故事,感受神奇,具体讲述故事,再到结合插图,展开想象,生动讲述故事,学生以阅读为基点,在品、讲、评的过程中感受到神话的神奇色彩和鲜明的人物形象,在兴趣盎然的学习中传承优秀传统文化。

(二)感受形象,体悟神话性

《羿射九日》这一篇神话故事最为精彩的部分就是着重塑造了羿这个救

人民于水火而牺牲自己的英勇神武的英雄形象。古代神话故事中的英雄人物身上往往能反映出创编故事的劳动人民没有办法理解自然现象,也没有能力与自然灾害抗争,因此而产生的诉求与美好愿望。他们只能通过想象出像羿这样拥有神奇能力的英雄人物来改变一切。所以,神话故事中的人物一般都具有特殊的神话性质,本身就充满了神奇色彩,体现出丰富的想象力。

了解人物品质不应停留在文本表面,而要结合具体内容。从羿的想法和射日的动作,学生体会到羿心系百姓、威武神勇的特点;从太阳逃窜、爆裂、慌张害怕的表现,感受到人物的英勇无畏、本领高强;从十日当空与射落九日两种环境的鲜明对比,感受到羿运用神力改造自然的神奇。多角度品读文本,深化了学生对神话神奇色彩和鲜明人物形象的感受。

(三) 个性创编,培植想象性

中国古代神话故事凝聚着劳动人民的无穷智慧与绮丽想象,表现了他们对自然缺乏了解而产生的敬畏之情,更寄托着他们对美好生活的向往与期盼。学习神话故事不仅要欣赏作品本身,还应内化对文化本身的理解。

本课教学将文化因素"感受神奇魅力,建立亲切感,萌生喜爱之情"与语文要素"根据课文展开合理想象"结合起来,在学生能够具体讲述故事的基础上,让学生抓住关键词语,结合课文插图和自己感兴趣的内容展开想象,创编故事,讲述故事。在丰富学生语言实践的过程中,培植了学生的想象力,激活了静止的语言,触动了学生的心灵,将中华文化的根深植于学生心中。

上海大学附属小学杨家勇　执教并撰文
上海市松江区泖港学校(五厍学校)校长、特级教师谢江峰　点评

基于文体，凸显要素，彰显特性

——小学中国古代神话故事教学路径

神话故事是一种民间文学体裁，是古代人类创造的反映自然界及人与自然关系的具有高度幻想性的叙事作品。《义务教育语文课程标准（2018年版）》（以下简称《课程标准》）的"课程目标与内容"部分，在第一学段指出："阅读浅近的童话、寓言、故事，向往好的情境，关心自然和生命，对感兴趣的人物和事件有自己的感受和想法，并乐于与人交流。"这就明确了神话在语文教学中的地位，以及其育人的价值。

小学语文统编教材在第一学段、第二学段都安排了神话，具体如表4-1所示：

表4-1　小学语文统编教材中国古代神话故事梳理

册次	编排形式	篇目	类别	语文要素
二上	单课	《大禹治水》	中国古代神话	借助词句，了解课文内容
二下	单课	《羿射九日》	中国古代神话	根据课文内容展开想象
四上	单元（一单元四篇）	《盘古开天地》《精卫填海》《普罗米修斯》《女娲补天》	中国古代神话 中国古代神话（文言文） 古希腊神话 中国古代神话	了解故事的起因、经过、结果，学习把握文章的主要内容，感受神话中神奇的想象和鲜明的人物形象

一、中国古代神话故事教学共性分析

结合《课程标准》，小学语文统编教材第一、第二学段编排，可以基本确定小学语文统编教材神话教学共性（见图4-1）。

二、中国古代神话故事教学路径提炼

中国古代神话故事是中国优秀传统文化的一部分，是中华民族的一个

《课程标准》

> 阅读浅近的童话、寓言、故事，向往好的情境，关心自然和生命，对感兴趣的人物和事件有自己的感受和想法，并乐于与人交流。

⬇

语文要素

> 二上教学目标：借助词句，了解课文内容
> 二下教学目标：根据课文内容展开想象
> 四上教学目标：了解故事的起因、经过、结果，学习把握文章的主要内容，感受神话中神奇的想象和鲜明的人物形象

⬇

小学神话教学共性

> 在阅读和讲述神话故事的过程中，感受神奇的想象和鲜明的人物形象，深化民族文化认同，提升文化素养。

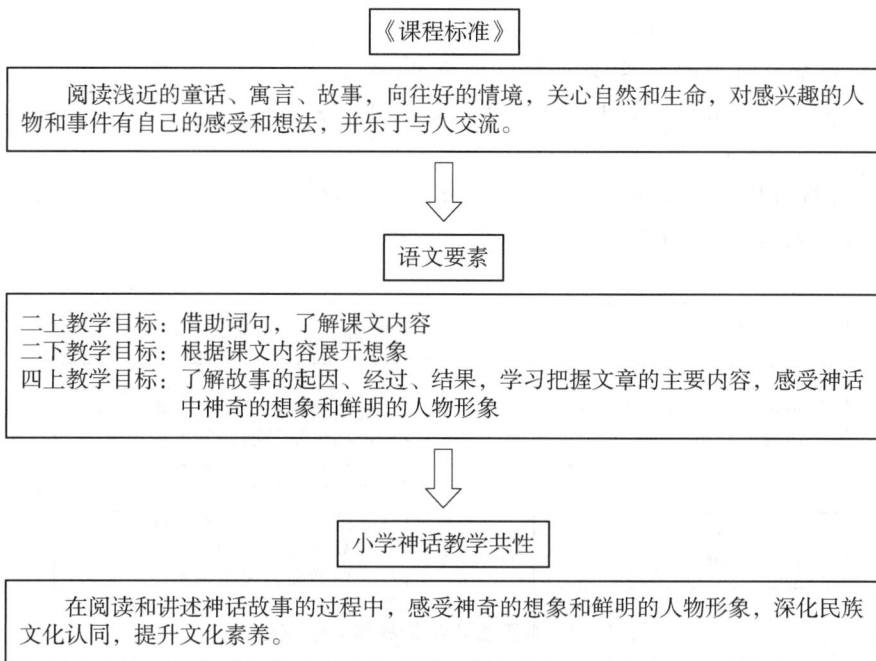

图4-1　小学语文统编教材中国古代神话故事教学共性

符号，是中华文化的智慧之光，具有较高的文学价值和教学价值。结合项目研究目标阐释：培养低年段学生对中华优秀传统文化的亲切感，进而提升学生对民族传统文化的自信心和认同感，提升学生的文化素养。课题组在提炼教学路径前，先研究了教材，确定了教学框架。

（一）教材分析

小学语文统编教材选编了一定数量的文学作品，神话这一文学体裁也得到了前所未有的重视，二年级上、下册各入编了一篇，四年级上册编排了一个单元。二年级下册的《羿射九日》是一个家喻户晓的中国古代神话故事，情节离奇，有趣易懂，充满神奇想象，寄托了祖先对美好事物和生活的追求、向往。这是符合神话故事全部特征、极富传统文化特色的教学内容。如何将这样的传统文化要素传递给学生？课题组首先进行了教材研究。以下是本课课后练习：

1. 默读课文,不要指读。

2. 根据表格里的内容,讲一讲这个故事。

3. 你觉得故事里哪些内容很神奇? 和同学交流。

仔细分析这三个学习任务,可以发现统编教材编者对二年级学生学习神话的清晰定位(见图 4 - 2):

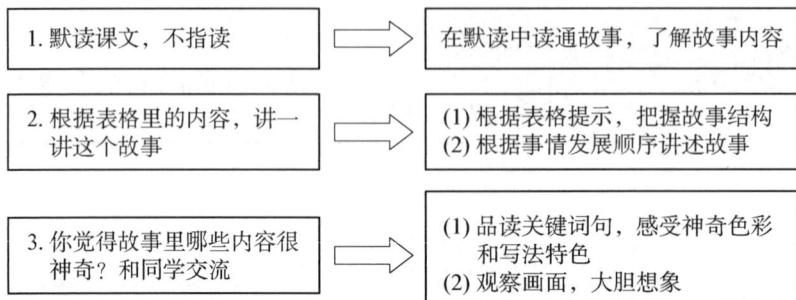

1.默读课文，不指读	⇒	在默读中读通故事，了解故事内容
2.根据表格里的内容，讲一讲这个故事	⇒	(1) 根据表格提示，把握故事结构 (2) 根据事情发展顺序讲述故事
3.你觉得故事里哪些内容很神奇? 和同学交流	⇒	(1) 品读关键词句，感受神奇色彩和写法特色 (2) 观察画面，大胆想象

图 4 - 2 中国古代神话故事教学定位

(二) 教学框架设计

《羿射九日》教学框架

1. 默读课文,根据表格提示,尝试讲述故事。

2. 品读故事,感受神奇,体会人物形象,具体讲述故事(学生层面:识字、学词、理解句子;教师层面:帮助学生提炼充满神奇色彩的关键词、句)。

3. 结合插图,紧扣神奇,大胆想象,生动讲述故事。

(三) 教学路径提炼

根据本堂课教学框架,就能发现低年级中国古代神话这一类别传统文化要素的基本教学路径(见图 4 - 3)。

教学路径与神话这一文体有关,与学生学习神话故事的目的有关,与落实神话这一类别传统文化要素有关。神话故事的学习,学生需要经历"发现神奇—感悟神奇—讲述神奇"这样的学习过程。第一步是整体感知故事内

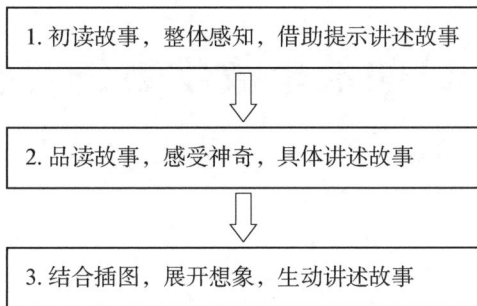

图4-3　中国古代神话故事教学路径

容,根据表格中提示讲述故事,体会神话的故事性。第二步是在评议交流中品读关键词句,能具体讲述故事情节,感受神话的神奇色彩和人物心系百姓、改造自然的勇气与自信。第三步是在理解内容的基础上,结合插图,展开想象,生动讲述故事,初步领会神话所表达的丰富思想内涵。学生学习神话不单是读一个故事、了解一个人物,更重要的是在感受神话魅力的同时形成对民族文化的认同感。

　　阅读是一种文体思维,小学语文统编教材执行主编陈先云老师指出,教好统编教科书,要增强"六个意识",其中一条就是"文体意识"。不同文体的写作特点、语言特色各不相同,教学方法也应该不同。在教学时,教师应站在学习"一类"课文的角度,思考并设计教学活动。在神话故事教学中,课题组关注"文体意识的建立",通过这样的教学路径,彰显语文学科特色,让学生兴味盎然地亲近、传承优秀传统文化。

　　　　　上海外国语大学附属普陀实验学校成根娣　提炼路径并撰文

第五篇　民间故事教学案例与教学路径

搭支架讲故事，焕发民间故事新活力

——《牛郎织女（一）》教学案例

案例背景

《牛郎织女（一）》是小学语文统编教材五年级上册第三单元"民间故事"主题下的第二篇课文。民间故事是古代劳动人民创作并传播的口头文学作品，是前人留给我们的智慧结晶，寄托了广大劳动人民朴素的美好愿望，是继承和弘扬优秀传统文化的重要载体。

《牛郎织女》是一则家喻户晓的民间故事，历史悠久，在西周时期就已产生，在西汉时期情节得到进一步充实，版本众多。整个故事语言优美，情节曲折，让人百读不厌。《牛郎织女（一）》全文共 21 个自然段，主要讲述了《牛郎织女》故事的前半部分：牛郎从小父母双亡，受哥嫂虐待，和老牛相依为命。在老牛的帮助下，牛郎和织女组成了幸福的家庭。基于课程标准对高年段阅读的要求，结合单元语文要素"了解课文内容，创造性地复述故事"，充分发挥民间故事的文本特点，这节课围绕"如何讲好民间故事"来实施教学，旨在鼓励学生大胆练习讲故事，并为故事增加合理的情节，使其更有新鲜感、更吸引人。

案例描述

教学片段(一)

师：同学们，上课前我们先来玩一个小游戏，游戏的名字叫"故事接龙"，我来出一个开头，请同学们一个一个地把故事编下去。故事的开头是"从前有一条龙"，谁来接？

(师走进学生中间，随机请举手的同学接故事)

生1：他很懒，整天在天上好吃懒做。

生2：有一天，他来到了一个村子里。

生3：遇到了一位年轻力壮的小伙子，

师：他们两个之间发生了什么事呢？

生4：小伙子想得到龙的宝藏，就和这条龙大战三百回合。

生5：龙最后认输了，飞回了天上。

生6：小伙子把宝藏分给了乡亲们，他成了一位英雄。

师：瞧，我们每人一句，就讲出了一个简单的故事。你们喜欢听故事吗？

生：喜欢。

师：那么今天你们一定会很有收获。

专家点评

《牛郎织女》是一则家喻户晓的民间故事，是古代劳动人民口耳相传而来，本文由叶圣陶先生整理。民间故事一般具有向善、向真、向美的特点，具有很强的生活性，表达了人们对自由美好生活的向往。魏老师执教的《牛郎织女(一)》一课是民间故事中具有典型代表性的文本。她整节课的教学都是以讲故事的方式展开的。在课前谈话时，和学生玩"故事接龙"的游戏，让他们天马行空想象，孩子你一言、我一语，凑成一个故事。这样的开头很符合故事性文本的特点，激发学生的学习兴趣。

教学片段(二)

(板贴：哥嫂、老牛、王母娘娘、仙女们)

师：《牛郎织女》整个故事中有这么多人物，下面请同学们快速默读课文，说一说这些人物之间是什么关系，他们之间发生了什么事，然后我们一起来完成这个故事框架图。你可以任选其中的两个人物。

师：你想说，来吧。

生1：牛郎和老牛是从小到大相依为命的伴侣。

师：说得真好！老师请你把"相依为命"这个词写在牛郎和老牛之间。就这样去说，还有吗？

生2：织女是牛郎的妻子。

师：他们两个是什么关系？

生2：夫妻关系。

师：请你把"夫妻"写在牛郎和织女中间。我们可以在这里和这里加一条线，把他们连起来。还有谁想说？

生3：织女和仙女们一起下凡。

师：好！请你把"下凡"写在她们中间。好，还有吗？

生4：哥嫂待牛郎很冷清。

师：文中用什么词语来说的？

生4：对他很不好，后来还把他赶出家门。

师：那就请你把"很不好"和"赶出家"写在上面。

生5：织女是王母娘娘的外孙女，她整天让织女在天上织彩锦。

师：请你把"外孙女"和"织彩锦"写上去。还有没有补充？

生6：织女和仙女们是趁王母娘娘喝醉了下凡的，可以加一个"醉"字。

师：你真棒！加得很有意思！谁能借助这幅图来简要说说这个故事的内容。

生1：牛郎从小和老牛相依为命，哥哥嫂子待他很不好，后来还把他赶出家门。织女是王母娘娘的外孙女，整天在天上织彩锦，有一天趁王母娘娘喝醉了，和仙女们下凡，遇到了牛郎，和他成了夫妻。

师：条理非常清晰，但你们发现了吗？牛郎和织女之所以能够相遇，进而成为夫妻，还有一个关键的情节缺失了，谁发现了？

生2：老牛告诉织女在哪里。

师：老牛告诉牛郎怎样遇到织女，那么你想写什么词？

生2：告诉。

师：老牛告诉牛郎的可不是一般的消息，这是一个什么？

生3：天机。

师：对呀，老牛向牛郎泄露了一个天机，这回你知道写什么了吗？

生2：泄露天机。

师：现在谁再来借助这幅图讲讲故事的大概情节。其他同学听，看还有没有补充。

专家点评

在明确讲故事的学习任务后，魏老师让学生先说出故事中的人物，然后出示板贴，将故事中的人物醒目地展现在学生眼前。接着浏览全文，理顺人物之间的关系，并放手让学生自己用关键词来表达人物之间的关系，适时点拨示范，譬如在人物和人物之间加一条连接线，学生也就学会用连接线和关键词来表达人物关系。至此，故事中的"人物关系图"就展示出来了，故事主要人物、人物之间的关系、他们大概发生了什么事等一目了然。最后引导学生结合"人物关系图"简要概括一下故事的主要内容。概括是五年级学生需要习得的一项重要能力。学生简要概括后，魏老师又启发学生关注一些重要的情节，要加上自己的想象说一说，这样教学更开放，也更扎实。

这就是课堂教学"放"的魅力，放手让学生去学，学生会还给我们一个精彩的世界。

教学片段（三）

师：大家再次给她鼓鼓掌，我觉得她的同桌慧眼识珠，讲得真棒！你们觉得哪些地方讲得特别好？

生：她讲得很完整。

师：她抓住了哪些方面来讲的？

生1：吃喝方面和他自身的干净，讲得很清楚。

师：吃什么，喝什么，还有什么？

生2：住得怎么样？

生3：还写出了他为什么要照顾老牛那么周到。

师：讲出了牛郎照顾老牛的原因，说明牛郎是个怎样的人？

生1：善良。

生2：勤劳。

师：多好的牛郎啊！这是她刚才讲到的内容，那她还有些地方没有讲到，谁来给她补充？给她提点小意见。

生：她讲到了夏天待牛怎样好，但是冬天，天气冷了，她没有讲。

师：夏天的讲得很清楚，冬天的时候没讲到，要把这部分加上。瞧，我们可以抓住这些关键的地方把故事讲清楚。（出示PPT）牛郎把老牛照看得真周到。一来……二来……，再从吃、喝、住、冬天、夏天几个方面来讲一讲。刚才魏老师也给了她一些建议，讲故事的时候还可以怎么样？

生：还可以加上一些动作。

师：对呀！还可以加上一些动作让你的故事更有意思，其他人就更喜欢听了。（还请刚才那位同学）听了大家的建议，你能把牛郎照顾老牛的这一段再来讲一讲，相信你一定能比刚才讲得更好。

专家点评

温儒敏教授说过，细读最要紧的是抓概念。抓概念第一要抓观点，第二要抓重点，第三要抓关键，这样才能纲举目张，把握全书的主要内容，学生才能理解书的价值。民间故事《牛郎织女》的教学中，讲好故事抓的是关键。

阅读分为两种，一种是解构式阅读，一种是建构式阅读。解构式阅读是把文章拆解开来，主要是在教师做文本分析时使用。但当教师把自己的理解在课堂上呈现出来的时候，这就应当是建构式阅读，就是帮助学生建构完整的文本概念、故事体系和人物形象。

我们很欣喜地看到，本节课上没有出现教师细碎的讲解，而是让学生自己阅读，在阅读中尝试着自己去理解文本，通过学生自己的语言讲述完整的故事。教师适时追问、点拨，发挥引领作用，有时是"平等中的首席"，站在学生中间一起学习;有时要"隐退",让学生占主导地位;当学生有困难或者理解不到位的时候,教师再"出现",点拨、指导。知识与能力不是老师给的,而是学生自己学得的。

教学片段(四)

师:学了这节课,你有哪些收获?

生1:首先我们讲故事之前要厘清人物和人物关系。

师:我们要整体了解故事的内容,可以通过人物来梳理情节。还有吗?

生2:可以抓住故事中的关键词语、关键点。

生3:还可以利用故事中一些反复的模式。

师:用自己的语言讲生动、讲自然,抓住关键语句讲明白、讲完整。

生4:还可以加一些想象。

师:对呀! 加想象,加创意,故事有意思,这才是属于你的故事。

专家点评

这节课魏老师教的是"讲故事",引发学生思考"我是从哪些方面来讲好故事的",让学生自己去提炼方法。这可能是初次触碰,但当学生以后再接触到这类故事性文本的时候,会唤起学生这节课上形成的经验,在不断积累的过程中,形成能力,充分体现"授之以渔"。

课的最后,魏老师带领学生回顾整节课的收获。有的学生收获的正是板书的呈现,这是教学第三自然段时"梳理关键词"这一学习经历给他的。有的学生则觉得自己的想象能力得到充分激发,这是孩子们在本课的学习中被点燃的创造的火花。每个学生头脑中都有一个梦想的世界,教师如何唤醒并点燃它,是需要我们孜孜以求努力探索的。学生一点一滴地积累学习的经验,在一次一次触碰的过程中,形成宝贵的学习经历,成为他们日后独立阅读的策略。

案例反思

在民间故事的教学中,本节课教师没有细碎的分析,字斟句酌,而是让学生整体感知故事人物和情节,反复练习讲故事,重点将"传承"作为教学视角,遵循民间故事的传承规律,努力实现民间文化在学生身上的传承。

(一)激发兴趣,埋下传承种子

故事是学生最为喜闻乐见的一种文本。学生从小就听过很多故事,这些故事怎么来? 在课前谈话时,和同学们一起创编故事,几次试教的过程中,每次学生创编的都不一样,各有各的特点,但都有善恶的较量、曲折的情节,这一种集体无意识的创作过程,让同学们在谈话中知道故事其实可以是这样创造出来。课前的这个小环节不仅拉近了教师和学生的距离,同时对故事的教学定下了基调。揭题后,介绍《牛郎织女》的故事已经流传了两千多年的历史,而这么古老的故事之所以可以流传下来,正是因为一代又一代的人在传承,而今天我们也来一起学讲故事,也来成为一名传承者。这个环节不仅明确了本节课的学习任务,也在同学们心中埋下一颗传承的种子。

(二)梳理情节,打好传承基础

讲故事的前提是熟悉文本。如何快速熟悉文本,这是讲故事之前必须要打好的基础。为此,我通过检查预习,梳理故事中的人物,然后让学生自己来找一找人物之间的关系。这部分是由学生自主在黑板上完成的,初步完成后让学生借助黑板上的人物关系图概括地说一说。此过程中,学生不一定会说得很完整,此时教师走出来点拨一下,学生在老师的启发下逐步完善人物关系图,这张图可以帮助学生快速梳理故事中的人物及其关系,这种梳理的方法在阅读人物众多、关系复杂的文本时,尤为适用,也便于让学生快速记住故事的梗概。

(三)指导实践,习得传承方法

语文是一门实践性学科。讲故事,只有梗概是远远不够的,还需要用自己的话去充实内容,在这个过程中,本节课没有使用以往阅读课的策略,而是将大段的时间给学生自己去练习:自己试着讲一讲——听了别人的建议,再去讲一讲——推荐同桌讲一讲——自己推荐自己讲一讲,让学生们在不断的练习中逐渐获得讲故事的方法,通过同学评价、老师评价,逐步完善讲故事的标准,让学生通过不断实践习得方法,提升能力。

（四）回顾方法，形成传承经验

这节课的最后，让学生自己总结一下学习"讲故事"的收获，这是对学习方法的回顾，也是对本节课所获得的经验的总结。语文学习正是这样日积月累的学习，点点滴滴汇聚成涓涓细流，慢慢滋养学生的语文根、语文魂，从而实现中华民族文化的传承。

上海市松江区民乐学校魏嘉玲　执教并撰文

上海市松江区第三实验小学校长、特级教师樊裔华　点评

聚焦文本特点，讲述传承并重

——小学中国民间故事教学路径

我国是一个历史悠久的国家，积淀的文化不仅凝聚在诗词歌赋等文学作品中，还存在于广为流传的民间传说中。[①] 民间故事是一种历史悠久，依靠人与人、代与代之间口耳相传的民间文学，因其特有的传承方式被称为"口头文学"，[②]是千百年来劳动人民智慧的结晶。

民间故事随着社会的进步和价值观念的变化，在人们口耳相传的过程中，不断被讲述者丰富和再创造，因此故事内容、情节设置和教材中的其他故事有着很大的不同。民间故事是依靠"讲述者"而活，"讲述者"的传承和创新才是民间故事流传下来的一种方式。

小学语文统编教材共选编了 5 篇民间故事，分别安排在三年级和五年级，具体如表 5-1 所示：

[①] 王悦.牛郎织女故事的过去与现在：民间传说的话语重构与记忆变迁[D].安徽大学硕士论文,2019.

[②] 于强.传承视角下民间故事教学的思考与实践——以《牛郎织女》为例[J].中小学教师培训,2015(5)：55—58.

表 5-1　小学课文统编教材中国民间故事梳理

册次	编排形式	篇目	语文要素
三下	单课（两课）	《漏》《枣核》	了解故事的主要内容，复述故事 根据提示，展开想象，尝试编故事
五上	单元 （一单元三篇）	《猎人海力布》 《牛郎织女（一）》 《牛郎织女（二）》	了解课文内容，创造性地复述故事 提取主要信息，缩写故事

一、中国民间故事教学共性分析

《义务教育语文课程标准（2011 年版）》（以下简称《课程标准》）在第二学段目标中明确指出："能复述叙事性作品的大意，初步感受作品中生动的形象和优美的语言，关心作品中人物的命运和喜怒哀乐，与他人交流自己的阅读感受。""讲述故事力求具体生动。"在民间故事的教学中，由于故事内容浅显易懂，所以不宜细读文本，字斟句酌，而应整体感知故事人物和情节，教学的重点应放在学习复述故事，将传承文化作为教学视角，明确民间故事的教学价值。

研读《课程标准》、单元语文要素，结合民间故事的独有特点，民间故事这一文体的教学存在一定的共性（见图 5-1）。

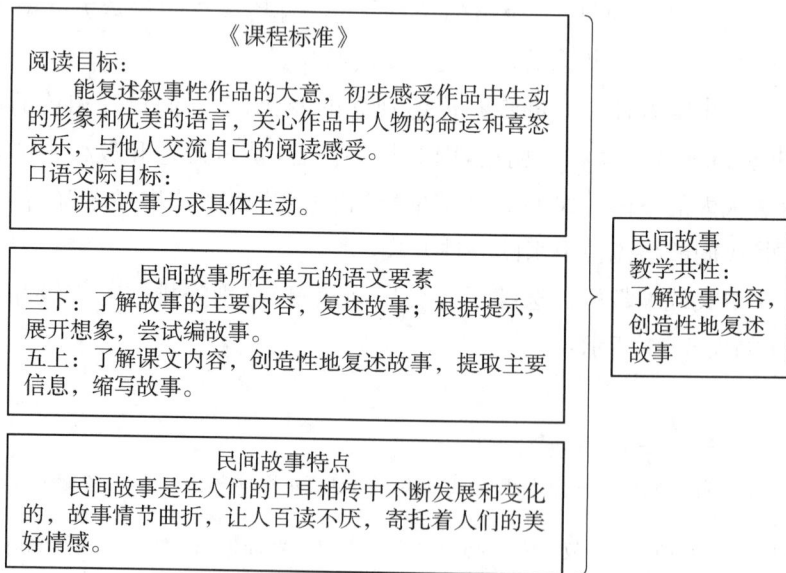

《课程标准》
阅读目标：
　　能复述叙事性作品的大意，初步感受作品中生动的形象和优美的语言，关心作品中人物的命运和喜怒哀乐，与他人交流自己的阅读感受。
口语交际目标：
　　讲述故事力求具体生动。

民间故事所在单元的语文要素
三下：了解故事的主要内容，复述故事；根据提示，展开想象，尝试编故事。
五上：了解课文内容，创造性地复述故事，提取主要信息，缩写故事。

民间故事特点
　　民间故事是在人们的口耳相传中不断发展和变化的，故事情节曲折，让人百读不厌，寄托着人们的美好情感。

民间故事教学共性：了解故事内容，创造性地复述故事

图 5-1　中国民间故事教学共性分析

二、中国民间故事教学路径提炼

民间故事承载着古代劳动人民的美好愿望，代表着对真善美的追求，凝结着最为朴素的价值观。学生在阅读民间故事的同时，如何沿袭民间故事传播的路径，在讲述中传承中华优秀传统文化，进而提升学生对民族传统文化的自信心和认同感，课题组做了一系列的研究与探索。

（一）教材分析

《牛郎织女（一）》是小学语文统编教材五年级上册第三单元"民间故事"主题下的第二篇课文。主要讲述了《牛郎织女》故事的前半部分：牛郎从小父母双亡，受哥嫂虐待，和老牛相依为命。在老牛的帮助下，牛郎和织女组成了幸福的家庭。课文内容语言平实，情节生动，浅显易懂。如何让学生理解和感受故事中所蕴含的古代劳动人民的美好愿望，将这篇具有神奇色彩的民间故事娓娓道来，首先就要研究教材。以下是本课课后练习：

> ❖ 默读课文，说说牛郎和织女是怎么相处的，他和织女是怎么认识的。
>
> ❖ 课文中有些情节写得很简略，发挥想象把下面的情节说得更具体，再和同学演一演。
>
>   ➤ 牛郎常常把看见的、听见的事告诉老牛。
>
>   ➤ 仙女们商量瞒着王母娘娘去人间看看。

根据以上两个学习任务，可以发现小学语文统编教材编者对五年级学生学习民间故事的清晰定位（见图 5-2）：

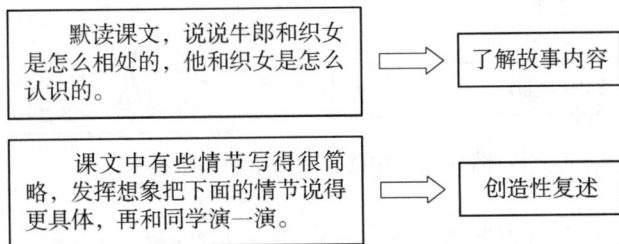

```
┌─────────────────────┐        ┌──────────────┐
│  默读课文，说说牛郎和织女  │  ⇒   │  了解故事内容   │
│  是怎么相处的，他和织女是怎么 │       └──────────────┘
│  认识的。            │
└─────────────────────┘

┌─────────────────────┐        ┌──────────────┐
│  课文中有些情节写得很简  │  ⇒   │  创造性复述   │
│  略，发挥想象把下面的情节说得 │       └──────────────┘
│  更具体，再和同学演一演。 │
└─────────────────────┘
```

图 5-2　中国民间故事教学定位

（二）教学框架设计

《牛郎织女（一）》教学框架

1. 借助图片，揭示课题，明确学习任务。
2. 检查预习，梳理人物，借助关系图，了解故事的内容。
3. 聚焦语段，学讲故事，生生互评，习得讲故事的方法。
4. 发挥想象，在写得简略的地方进行创造性复述。
5. 总结方法，布置讲故事作业。

（三）教学路径提炼

结合《牛郎织女（一）》一课的教学，现将中国民间故事的教学路径提炼如下（见图 5-3）：

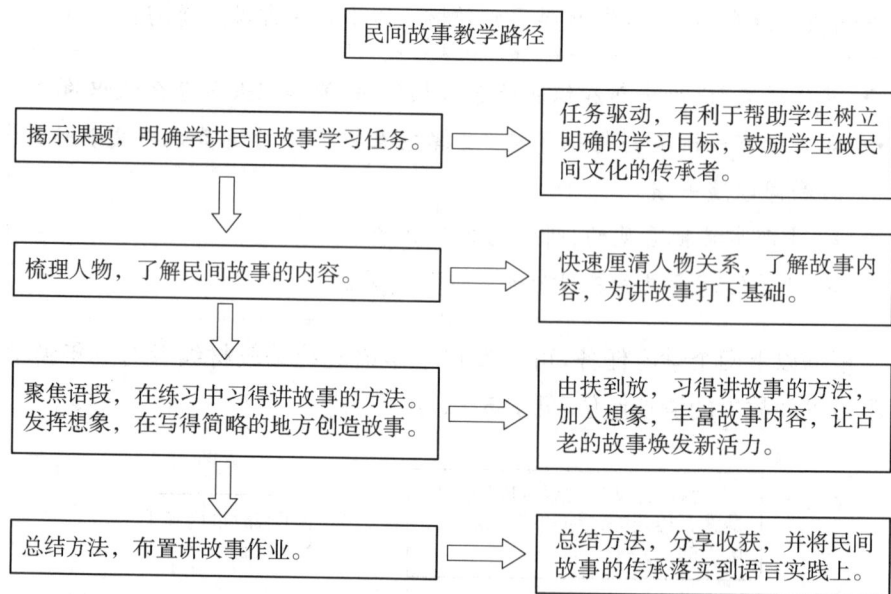

图 5-3　中国民间故事教学路径

课题组认为民间故事的教学可以跳出文本教学的固有模式，抓住其"口耳相传"的传承特点，将传承作为教学视角，遵循民间故事的传承规律，将学生置于"讲述者"的角色进行教学，从而发挥学生的能动性、想象力和创造性,有效地促进学生语文素养的提高,并实现民间文化在学生身上的传承。

　　此外,学生对于民间故事本来就很感兴趣,为了保持学生学习的兴趣,教师在教学时应采取合适的手段,如思维导图、看视频、表演、有感情地朗读等,增强课堂的趣味性,让学生愿讲、乐讲民间故事,使之成为学生亲近传统文化的有效载体,成为传承传统文化的有益尝试。

　　　　　　　　　上海市松江区民乐学校王言　提炼路径并撰文

第六篇　文言文教学案例与教学路径

阅读文言故事，领略不朽精神

——《精卫填海》教学案例

案例背景

　　自先秦以来，中华优秀传统文化就和文言文紧密地联系在一起，很多内容以文言文的形式记录了下来，给我们留下了宝贵的财富。教育部印发的《完善中华优秀传统文化教育指导纲要》指出：要培养低年段学生对中华优秀传统文化的亲切感，中年段学生对中华优秀传统文化的感受力，高年段学生对中华优秀传统文化的理解力，进而提升学生对民族传统文化的自信心和认同感，提升学生的文化素养。文言文作为中华优秀传统文化重要载体，以广博的知识、丰富的内涵滋养着学生。学习文言文，不仅是品味汉语言文学的精华和典范的过程，更是唤醒中华民族品格和精神的过程。

　　《精卫填海》是小学语文统编教材第七册第四单元的第一课，是一篇文言文，选自《山海经·北山经》。故事讲述了炎帝的小女儿女娃去东海游玩时不幸溺水，化为精卫鸟，衔来西山木石填塞东海的故事，塑造了坚韧执着的精卫形象。课文非常简短，只有两句话。第一句交代了故事的主要人物及身份，即炎帝的小女儿，名叫女娃。第二句前半部分交代了填海的起因，后半部分是故事的重点，写清楚了故事的经过，结果课文并没有告知我们，读者可以自由发挥想象。

　　课文插图生动形象，左上角是一只羽翼鲜艳、白喙赤足的精卫鸟，嘴里叼着石子,正振翅高飞。下方和左上方是滔天巨浪,结合图片,引导学生展开想象,可以感受到精卫的坚韧与执着。本课不管是文字,还是插图,都蕴含着丰厚的传统文化,是研究中华优秀传统文化教学的重要资源,是学生感悟中华文化和语言魅力的范本。

案例描述

教学片段(一)

师:故事听到这儿,精卫给你留下了怎样的印象?

生1:我觉得精卫太固执了,大海那么大,怎么可能填平呢! 我建议她还是飞到炎帝身边吧,别干傻事了。

生2:我倒觉得精卫决心挺大的,为完成填海这件事,坚持不懈、锲而不舍,我们应该向她学习。

师:有的人说精卫坚持不懈,有的人觉得她太固执,还有的人觉得她太傻,真的是这样吗? 看看文中的这个句子:"常衔西山之木石,以堙于东海。"关注"常"字。

(生品读体会)

师:(配背景音乐)精卫在第一天的时候,衔西山之木石,以堙于东海;

第二天、第三天,一个星期过去了,精卫它仍旧衔西山之木石,以堙于东海;

在狂风卷起黄沙的日子里,在暴雨如注的日子里,在烈日炎炎的日子里,日复一日,年度一年,精卫它依然衔西山之木石,以堙于东海。

她真的傻吗? 不,她并不傻,她身上的这种精神叫作——坚韧执着。

专家点评

这节课有三点值得肯定。第一,教师很好地结合了练习册,符合"空中课堂"所倡导的理念。第二,教师注重创设情境,引导学生充分思考。课上,教师适时创设情景,引导学生讨论"精卫傻不傻"。情境中贯穿了语言表达,融合了背景音乐,培养了思维能力……给如何进行思辨阅读提供了启迪。思辨能力是学生在社会中立足所必须掌握的一项技能,只有学生学会独立思考,才能正确看待社会中扑面而来的信息。怎么才能有独立思考能力? 这节课给教师提供了参考,呈现了一个可供普遍性阅读的案例。其实,在小学的文言文教学中,很多文章都可以用这样的方法去实践。第三,执教老师很好地勾连了学生已有的文言文学习经验,敢于放手让学生尝试猜一猜。

教学片段(二)

师:课前,我们预习了课文,文中的字音都读正确了吗? 我们来看预习单上这道题目。

生:

(1) 夜来风雨声,花落知多少(shǎo　shào)。对了,读 shǎo。

(2) 炎帝之少(shǎo　shào)女,名曰女娃。这里读第四声,少女。

(3) 溺而不返,故为(wéi　wèi)精卫。嗯,是的,wéi。

(4) 遥知不是雪,为(wéi　wèi)有暗香来。wèi,对了,是"因为"的意思。

师:你都读对了吗? 如果有错误,赶紧改正,再读一读。

(生自由读句子,改正错误)

师:文言文不仅要读正确,还要注意停顿。听老师来读一读,像这样——(出示 PPT)用斜线在文中做标记。(范读)

师:你们在哪儿画了停顿符号呀? 赶紧对照一下,按照这样的节奏再读读课文。要读得自然一些,做到音断而气连,比如:"溺/而不返""以/埋于东海"。(放朗读背景音乐)

(生自由朗读)

专家点评

课上,朗读指导是以教师示范朗读的方式呈现,值得思考的是,在文言文教学当中,教师示范朗读是在学生的学之前还是在学生的学习过程当中适时适度地穿插进来? 教师怎么样才能自始至终把学生的学放在最重要的位置?"示范朗读"固然可以,但是在教学过程当中,最好能让学生把他不清楚、不成熟或者说不恰当的地方暴露出来。

本课的书后习题第一题是"正确、流利地朗读课文。背诵课文"。"正确"不仅仅是读准字音，还应该能正确地断句。如"常衔西山之木石"怎么读？"故为精卫"为什么读"wéi"？"炎帝之少女"为什么读"shào"？不读"shǎo"？虽然教材标出了读音，但是教师还可以讲一讲其中的原因，真正做到把读和培养语感、提高审美、锻炼思维等融合到一起。

教学片段（三）

师：这两位同学不仅用上了"曰"，还用上了"之"，文绉绉的，很不错！那我们来听听同学们对"之"的理解吧！

生：我和小伙伴在一起学习，发现课文中有两个"之"，和以前学过的不一样。《司马光》中"众皆弃去，光持石击瓮（wèng）破之"的"之"是指水缸。而"炎帝之少女"的"之"是"的"的意思，但"常衔西山之木石"的"之"，我们不太理解，我们猜应该也是"的"的意思吧。

师：这几位同学相互讨论，还联系了以前学过的文言文《司马光》，为你们点赞，也恭喜你们猜对了。这里的"之"就是"的"的意思，是说精卫鸟"经常叼衔着西山上的小树枝和石子"。好，我们继续交流。

专家点评

教学中，教师给予了学生猜测的机会，建议教师还可以为学生创造验证试错的机会。比如"之"的意思，学生在课堂上只是猜测了意思，最好能尝试运用。

在教学时，建议教师把"炎帝之少女"和"长衔西山之木石"这两个句子设计一个层次。"炎帝之少女"中的"之"是"的"的意思，在此基础上，可以引导学生将其放到第二句中再试试。最后，适时再拓展一句，如"精卫，勇敢之化身"。这样就进一步巩固了"之"的意思，符合布鲁姆的认知理论，从理解到实践再到尝试运用，甚至引导创作。教学时，如果教师把教学层次再深入一些，课堂就更高效了。上课就像钉钉子，应锤到不能再锤为止，钉子钉在木头里，只锤了一半，就还可以继续往下锤。

教师教学这个环节时比较平稳，但如果课堂上能荡起涟漪，掀起"大风大浪"就更好了。这样的一个传递过程,学生不仅仅是知道了词的意思,更让学生试错验证,成为学习的主人,真正做到学有所获。学习有不同的建构方法,这就是教学的艺术。有一种理念叫做"脚手架教学",教学的艺术就在于教师知道什么时候需要脚手架,什么时候移除脚手架。教学中,教师常常搭好脚手架,却忘记把脚手架拿掉。搭脚手架的目的是给学生提供知识、策略,为学生建模,让其重构,促进理解,从而获得知识。

教学片段(四)

师:故事听到这儿,相信大家都了解故事内容了,请大家一边想着故事的意思,一边试着背一背课文。

(生齐背课文)

专家点评

这节课上安排了背诵,把课后的要求落实到了教学之中。教师在给背诵支架的时候,应有所考量:支架仅仅是为了帮助学生背诵吗?语文核心素养包括语言的建构与运用,审美的鉴赏与创造,思维的发展与提升,还有文化的传承与理解,它们应该是融为一体的。这就需要教师的教学设计具有多维的功能,一堂课不一定所有核心素养都要落实,而是应该侧重核心素养的某一个方面。在涉及背诵支架的时候,教师应多想一想怎么样促进孩子的思维发展,为背诵这类故事提供一个可行的路径。在引导背诵时,教师不一定给提示词,还可以通过提问加以引导,比如:第一句讲了谁?他是什么人?第二句讲了她做了什么?结果怎么样?这样与板书的思路一致,就能促使前后关联。背诵的支架也不止这两种,教师可以继续开发。文言文教学要求记诵的内容很多,教师怎么样设计脚手架帮助孩子建立图示,进而迁移运用,这需要不断地探索与研究。

案例反思

(一)分析文本价值,追溯文化内核

文言文是中华文化的"根",教学时,学生不应仅仅了解语言文字层面的

知识,还应深挖文本所蕴含的文化内涵。[①]正如朱自清先生所说:"经典的训练价值不在实用,而在文化。"《精卫填海》塑造了一个坚韧执着的精卫鸟形象,这只鸟身上具有坚持不懈、不屈不挠的精神。神话故事中的后羿、盘古、夸父和大禹等身上也同样具备着这样锲而不舍的精神,这是中华文化的精神。两千年来,人们每当读着这些故事,就会与古人产生情感的共鸣,从而心中萌发出一种民族文化的自信心。当学生将这种文化真正内化,就逐步培养起对民族文化的认同感,增强了民族文化的自信心,为参与和建设现代文化提供了价值指导。温儒敏先生曾经说过,学习古诗文其实更多的是需要浸润式的学习,去诵读,将整个身心沉浸在作品的氛围节律中去感悟、去体味、去想象,去理解那些普世而又独特的情感表达,去欣赏那些音乐的节奏之美,这样就能有那种审美的感觉。而文言文的这种美正是文本所彰显的独特的文化价值。所以平时教师在教学此类文章时,应充分挖掘文本的价值所在,追溯文章所要表达的深刻内涵,从而让文化的传承更具实效性。

(二)深入学习体验,触摸文化基因

初读是学生深入文言文、感悟经典文化的第一步,它把静止的文字唤醒,让学生逐渐感受到文言文语言的简洁凝练和语言之美。[②]小学语文统编教材中都提出了"要正确流利地朗读课文"这一要求。在教学中,教师不仅要指导学生读准读通,还要进一步引导学生读好停顿、反复涵泳,在诵读中感悟文言文的内容,感受人物的形象,等等。正如陆九渊所说:"读书切忌在匆忙,涵泳工夫兴味长。"学生经历了读正确、读通顺、读好停顿、读中体会等一系列的过程,加深了对传统语言文字的体验。在文言文中,还有很多常见的文言词汇,教学时,应由易到难逐步深入,试着从理解到运用。比如教学"之",结合已有学习经验,学生可以知道词语意思是"的",将其放到文中的两个句子中去解释,也是"的"的意思,在理解的基础上,进一步引导学生去拓展运用,如"井底之蛙""惊弓之鸟""无价之宝"等。此外,还可以引导学生进一步创造,如"我是王家之子"。学生潜移默化中经历了由简到难的学习过程,丰富了自身的学习经历,对传统文化中"之"的内涵加深了体验。所以

---

① 蒋欣.小学语文文言文教学的"为何"与"何为"——以小学语文统编教材四年级上册《精卫填海》为例[J].基础教育课程,2020(10):34—41.
② 同①.

教学中,应不断深入学生的学习体验,逐步引导学生触摸传统文化的基因。

(三)讲述神话故事,传承文化经典

用"讲故事"的方法进行文言文教学,一方面促进了学生对课文内容的深度理解,另一方面培养了学生的综合能力。[①] 毕竟文言文和我们的日常用语还是有隔阂的,当我们用现代汉语来学习文言文时,可以拉近与传统文化的距离。"能借助注释,用自己的话讲讲精卫填海的故事"是本课的重要目标之一,要达成这样的目标,首先得"能正确、流利地朗读课文""能借助注释,理解课文大意"。在此基础上,展开想象,丰富故事内涵,从而在讲述中继承与弘扬优秀的传统文化。当然,在不同的人口中,故事会发生嬗变,但其所反映的内核思想是不能改变的,就算要丰富内涵,也只是在人物的细节描摹上加以丰富,让讲述更加吸引人。讲述神话故事,不失为传承文化经典的一条路径。

上海市松江区民乐学校王言　执教并撰写

上海市闵行区教育学院小学语文研训员、特级教师景洪春　点评

文言词语巧理解,传统文化润心田

——《王戎不取道旁李》教学案例

案例背景

文言是中国古代的书面语言,是现代汉语的源头。文言文就是用中国古代的书面语言组成的文章,文言文语言简洁、精炼,是中华优秀传统文化的重要载体。学习文言文是传承和弘扬传统文化的重要途径。

---

① 蒋欣. 小学语文文言文教学的"为何"与"何为"——以小学语文统编教材四年级上册《精卫填海》为例[J]. 基础教育课程,2020(10):34—41.

《王戎不取道旁李》是小学语文统编教材四年级上册第八单元的第一篇课文,出自《世说新语·雅量》,是四年级上册出现的第二篇文言文,也是学生在课内接触到的第四篇文言文。这篇文言文讲述了魏晋时期"竹林七贤"之一的王戎幼时善于思考、冷静推断的故事,课文虽然简短,但描写十分生动。如,"竞走取之"写出了众孩童争先恐后摘李子的场面;"唯戎不动"写出了王戎的冷静,与众孩童的行为形成鲜明对比。另外,课文还配有一幅插图,画了因结满果子而低垂的树枝。

在《司马光》《守株待兔》《精卫填海》三篇文言文的学习基础之上,学生有了初步的文言文学习经验,掌握了一些常用的学习文言文的方法。文言文中,很多词语的意思与现代汉语相同或相近,但也有一些词语古今意义差异很大,这给学生学习文言文造成了一定的困难。本课的词语教学,尝试运用多种方式,让学生克服心里的畏难情绪,拉近学生与文言文的距离,让学生在轻松愉悦的氛围中传承传统文化。

案例描述

教学片段(一)

生:课文中有三个"之",它们的意思一样吗?

师:你是个会思考的孩子,文言文中,经常会出现"之"字,还记得《精卫填海》吗? 那里的"之"表示什么呢?

生:《精卫填海》中的"之"都是"的"的意思。

师:那么在这篇课文里,"之"还是"的"的意思吗? 再读一读这些带有"之"字的句子,想一想"之"字的意思。(配乐)

生:两个"取之"的"之"是指李子。因为前面说"看道边李树多子折枝"。

师:你用了联系上下文的方法来理解,那么"人问之"的"之"呢?

生:这个"之"是王戎,"人问之"是别人问王戎。

师:别人问王戎什么呢?

生:别问王戎为什么不去摘李子。

师:也就是说别人问的是王戎不去摘李子的原因。所以这个"之"指的不是王戎,而是——

生:王戎不去摘李子的原因。

师：你看，在不同的句子中，"之"的意思有可能是不一样的，我们要结合句子来理解它的意思，"之"的意思很可能不一样。

专家点评

学习文言文主要是理解和掌握不同于现代汉语的地方。其中，文言虚词与现代汉语虚词差别很大，且使用频繁，用法复杂，比如本课中的"之"字。在文言文中，"之"在不同的语境中意思的差异也很大。本课中，"之"字出现了三次，李老师给三个"之"字编了号，1号"之"、2号"之"和3号"之"，1号和3号代指李子，而2号"之"所指代的意思就比较复杂。观察课堂上学生的表现，我们发现学生并不能一下子理解这个"之"所代指的内容，他们的理解仅仅到达指代"王戎"这个层面，只有联系上下文的内容，并进行认真思考，仔细分析才会发现这个"之"指代的不是"王戎"，而是"王戎不去摘李子的原因"。学生在理解这个"之"字意思的时候出现偏差，教师循循善诱，引领学生寻找正确答案。

"之"字的理解其实是一个难点，怎么样突破这个难点，本节课，教师对于知识点的勾连意识很强，在《精卫填海》中出现过"之"字，那时候的"之"是"的"的意思，而本课中三个"之"也代指不同的内容，跟《精卫填海》中完全不一样，通过勾连和对比，学生很容易发现"之"字在不同的语境中意思可能会不一样的用法特点，这种设计很巧妙。

教学片段（二）

师：课文读通读顺之后，还要读懂，读明白，大致了解它的意思。请你自己再轻声读读，看看你读懂了哪些？还有哪些不懂的？读不懂的旁边画个问号。

师：现在和你身边的人合作，看看能不能借助他们的力量把刚才不懂的地方弄明白。（配乐）

（学生和身边的同学交流释疑）

PPT 出示：

刚才我_____不明白，交流后，我知道了可以 ____（方法）____ 来理解

"_____"是_____意思。

师：同学们讨论得差不多了,现在谁来说一说?

生1：刚才我对"诸小儿"不明白,交流后,我知道了可以结合阅读经验来理解"诸小儿"就是"许多小伙伴"的意思。之前我读过这个故事,里面说"王戎七岁的时候,和许多小伙伴出去玩",所以,我知道了"诸小儿"就是"许多小伙伴"的意思。

师：将白话文故事与文言文相结合,综合阅读经验来理解词语,好方法!

生2：刚才我对"游"不明白,交流后,我知道了可以用联系上下文的方法来理解"游"就是"游玩"的意思。

师：联系上下文是我们在理解词语时经常用到的方法。

生3：刚才我对"多子折枝"不明白,交流后,我知道了可以借助课文插图来理解,"多子折枝"就是说李树上结了好多果子,都把树枝压弯了。

师：课文中的插图可以帮助我们形象地理解课文内容,同学们要学会借助插图来理解课文内容。

师：第二句话中有个词语叫"竞走","竞走"是什么意思?

生："竞走"就是争着跑过去。

师：你是怎么知道的?

生：我是看了课文注释知道的。

师：看注释是理解文言文意思最便捷的方法了。现在的"竞走"是一项体育运动,结合注释我们知道,这里"走"是指跑,"竞走"是争着跑过去。"竞"是后鼻音,一起读读这个词。

师：文言文中有很多词语跟现在的意思不一样,同学们在读文言文的时候要注意区分文言词汇古今意思的差异。

专家点评

这篇文言文是小学语文统编教材中出现的第四篇文言文,尽管这时候的学生学习文言文的经历很少,但是他们毕竟已经有了三年多的语文学习经历,通过自主学习以及老师的引导也能够理解一些浅显的文言文词语或者句子的意思。

这个环节中,学生自己的问题自己想办法解决,自己不能解决的大家一起解决。学生能够关注到的想办法解决,学生关注不到的,教师提出来,引领学生去思考。对于文言文词语的理解,教师给予学生充分的自主学习机会,引导学生追溯学习过程、思考过程,想办法让学生的思维过程可视化,这个很重要,也很不容易。李老师提供的交流句式"刚才我对_____不明白,交流后,我知道了可以__(方法)__来理解'_____'是_____意思",通过交流,学生不仅理解了词语的意思,更重要的是学生知道了可以用哪些方法来理解词语,比如学生说到的"结合阅读经验""联系上下文""看注释""结合插图"等等。"授人以鱼,不如授人以渔",教给学生学习的方法才是最重要的。

案例反思

文言文行文简练,言简意赅。尽管文言文中的许多词汇依然保留在现代汉语中,但仍有很多词语意思古今差异很大。因此,正确理解文言词语的意思,对于正确把握文言文内容至关重要。在文言文教学过程中,教师需要采用各种方法或者技巧调动学生理解文言词语的积极性,唤起学生对文言文的兴趣,引导他们去探究并传承优秀的传统文化。

对于与现代汉语意思相近的文言词语,因为学生已经有了一定的语言基础,他们很容易调动已有的经验来理解这一类词语的意思。例如,本课中的"诸"是"众""许多"的意思,"竞"指"争着","必"是"一定"的意思。相对于这一类词语,那些古今意思差异很大的文言词语的理解是难点,比如"走"在文言文中常指"奔跑",这与现代汉语中的"走"意思相差很大,这一类词语是需要学生重点理解和积累的。

基于以上考虑,本节课的词语教学中,我充分调动学生学习的自主性,从鼓励学生调动自己已有经验来理解词语的意思,到与同伴合作,向同伴学习理解词语的方法,再到教师引导,教给学生理解词语的方法。这个过程中,学生逐渐明白,理解词语的方法有很多,比如结合阅读经验、联系上下文、借助注释、借助课文插图、结合生活经验等等,不同的词语可以有不同的理解方法,无所谓好坏,只有合适不合适。学生在独立思考以及和同伴的交流中,理解文言词语的方法一遍遍再现与被使用,同时也不断地得到强化。学生只有真正掌握了这些方法,才能提高他们学习文言文的效率。

反观本节课的文言词语教学,以下两个方面尚需进一步改进和提高:

(一)创设情境,感受古今词意的不同

创设恰当的教学情境对提高语文课堂教学质量大有裨益,文言文教学中的词语理解也不例外。调动学生的生活经验,勾连学生生活中的情境来理解词语是最有效的方法[①],比如"竞"字的理解,学校里经常会举行各种各样的竞赛,"竞赛"也就是不甘落后,争做第一,结合经验,不难理解"竞"就是"争着"的意思;再如,生活中,我们经常会说"诸位同学好""诸位慢走"等等,引导学生将这里的"诸"与文中"诸小儿"相联系,从而理解"诸"的意思。这样在情境中去激活学生以往的生活经验,在情境中感受古今词语意思的不同,结合情境积累语言,效果会更好。

(二)巩固拓展,强化文言词语理解

在文言文中,由于一些词语古今意义的差异,给学生的理解带来一定的困难。真正理解文言词语的意思,单单讲解文中词语的意思是不够的,适当地拓展,引导学生尝试将新知加以运用,不断地强化,才能加深学生对文言词语的理解,从而真正掌握文言词语。本课中关于"之"字意思的理解,其实是花了很多时间的。先带着学生回忆《精卫填海》中"之"字的意思,从学生的已知出发,再引领学生联系上下文,理解本课中三个"之"的意思。细细想来,总有种浅尝辄止的感觉。学生对于"之"字的理解仅仅停留在老师对课文内容的讲解上,是否真正理解无从考证。此时,再进一步,适当拓展,请同学们说说"取而代之"的"之"的意思,"惊弓之鸟"中"之"的意思,尝试自己也来用一用"之"字……学生在这样一步步的拓展练习中,不断加深对"之"字的理解,从而也更加深刻地体会"之"字在不同语境中的不同用法与不同意思,这样的文言词语教学才更扎实。

上海市松江区中山小学李灿影　执教并撰文
上海市闵行区教育学院小学语文研训员、特级教师景洪春　点评

---

① 段虹伊.高中生文言文阅读能力培养的策略研究[D].曲阜师范大学硕士论文,2018.

记诵积累，传承文言经典

——小学文言文教学路径

文言文，是以先秦汉语为基础形成的一种古代汉语文章，包括先秦时期的作品以及后世历代文人模仿先秦书面语写成的作品。文言文是中国传统文化的载体。文言文所言志、所载道，是中国传统文化的直接体现。

一、小学语文统编教材文言文梳理

文言文在小学语文统编教材中共有 10 篇，其中三年级全年教材共两篇，上册、下册各 1 篇；四年级和五年级一致，全年教材共 4 篇，上册、下册各 2 篇。详见表 6-1。

表 6-1 小学语文统编教材文言文梳理

序号	题目	教材册次	人文主题	单元语文要素
1	《司马光》	三年级上册（第八单元）	美好品质	学习带着问题默读，理解课文的意思。
2	《守株待兔》	三年级下册（第二单元）	寓言	读寓言故事，明白其中的道理。
3	《精卫填海》	四年级上册（第四单元）	神话故事	了解故事的起因、经过、结果，学习把握文章的主要内容。感受神话中神奇的想象和鲜明的人物形象。
4	《王戎不取道旁李》	四年级上册（第八单元）	古代故事	了解故事情节，简要复述课文。
5	《囊萤夜读》	四年级下册（第七单元）	人物品质	从人物的语言、动作等描写中感受人物的品质。
6	《铁杵成针》	四年级下册（第七单元）	人物品质	从人物的语言、动作等描写中感受人物的品质。
7	《少年中国说(节选)》	五年级上册（第四单元）	家国之殇	结合查找的资料，体会课文表达的思想感情。

（续表）

序号	题目	教材册次	人文主题	单元语文要素
8	《古人谈读书》	五年级上册（第八单元）	读书明智	阅读时注意梳理信息，把握内容要点。
9	《自相矛盾》	五年级下册（第六单元）	思维火花	了解人物思维过程，加深对课文的理解。
10	《杨氏之子》	五年级下册（第八单元）	幽默风趣	感受课文风趣的语言。

通过梳理，发现入选小学语文统编教材的文言文以故事类文本为主，共8篇。另外有2篇议论性文本，选入五年级上册教材。从单元语文要素来看，主要是通过文言文的学习，把握文本大意，获得初步的情感体验，感受人物形象或美好品质。

二、课程标准对于文言文学习的表述分析

《义务教育语文课程标准（2011年版）》（以下简称《课程标准》）明确了教师教什么和怎么教的问题，也明确了各学段学生应该达到的知识目标、能力目标和情感目标。《课程标准》对文言文和古诗合称为古诗文，对古诗文的学习要求与评价标准作出以下论述。具体见表6-2。

表6-2　古诗文学习要求与评价标准

古诗文学习要求	第一学段（1-2年级）	诵读儿歌、儿童诗和浅近的古诗； 背诵优秀诗文50篇（段）； 展开想象，获得初步的情感体验，感受语言的优美。
	第二学段（3-4年级）	诵读优秀诗文； 背诵优秀诗文50篇（段）； 注意在诵读过程中体验情感，展开想象，领悟诗文大意。
	第三学段（5-6年级）	诵读优秀诗文； 背诵优秀诗文60篇（段）； 注意通过语调、韵律、节奏等体味作品的内容和情感。
古诗文评价标准	1. 重点考察学生的记诵积累； 2. 考察能否凭借注释和工具书理解诗文大意； 3. 词法、句法等方面的概念不作为评价内容。	

　　《课程标准》对整个小学阶段的文言文教学提出一以贯之的要求,即诵读与背诵,通过诵读体验情感、体味情感。《课程标准》也分学段对文言文的学习提出了逐级上升的要求,背诵积累的篇目数量有增加,对文言文的领悟程度有提升;在小学阶段,评价学生古代诗词和文言文的阅读,重点考察学生的记诵积累,考察能否凭借注释和工具书理解诗文大意。词法、句法等方面的概念不作为评价内容。

三、文言文教学共性分析

　　基于《课程标准》的要求,通过对小学语文统编教材中文言文的梳理,尝试从共性目标、普适方法和共同教学路径三个方面对小学阶段文言文教学进行共性分析(见图6-1)。

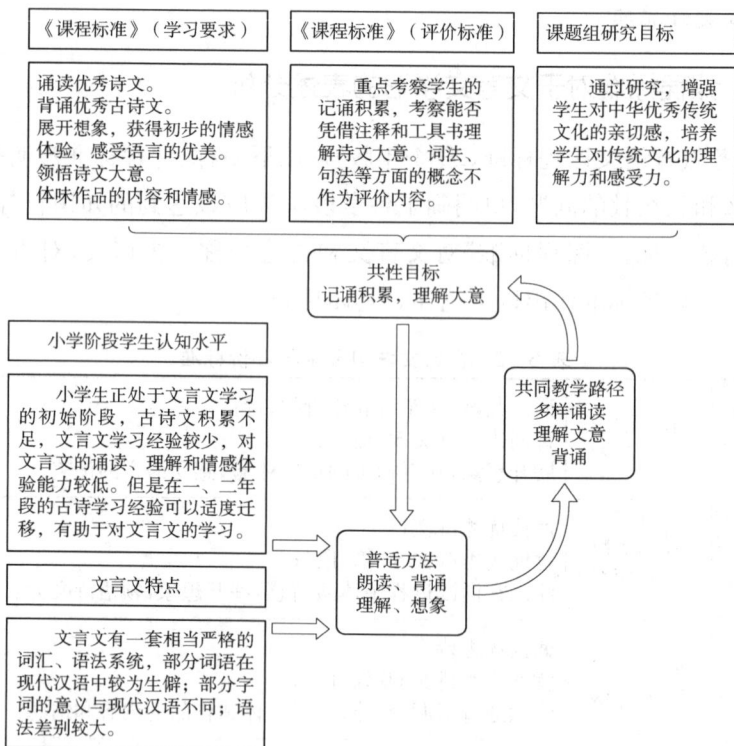

图6-1　文言文教学共性分析

四、文言文教学个性分析

基于每篇文言文的教学目标、各个学段学生的不同学情以及每一篇文言文本身的特点，对四年级两篇文言文《精卫填海》和《王戎不取道旁李》进行了个性分析，如图 6-2、图 6-3 所示。

1.《精卫填海》

人文主题与语文要素	本单元人文主题为"魅力神话"。本单元语文要素是了解故事的起因、经过、结果，学习把握文章的主要内容。感受神话中神奇的想象和鲜明的人物形象。	用自己的话说清楚神话故事《精卫填海》的起因、经过和结果。在学习过程中体会神话故事的神奇色彩，感受精卫这一神话人物形象。
文章体裁特点	神话作为民间文学的一种形式，充满神奇的幻想，《精卫填海》属于自然神话，是对自然界各种现象给出了美好的解释。	
学情分析	学生经过三年级的文言文学习，已经初步掌握了一些文言文的方法。同时，学生对现代文的神话故事也有接触。	能借助拼音正确、流利地朗读课文。结合注释、借助插图理解课文大意。

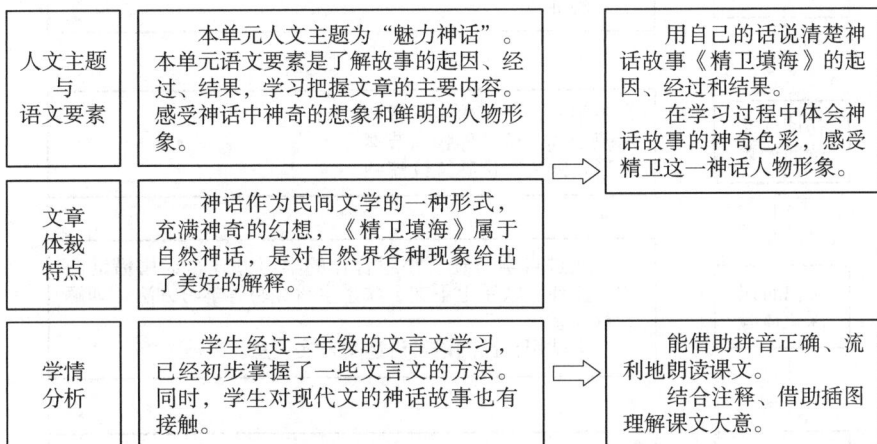

图 6-2　《精卫填海》教学个性分析

2.《王戎不取道旁李》

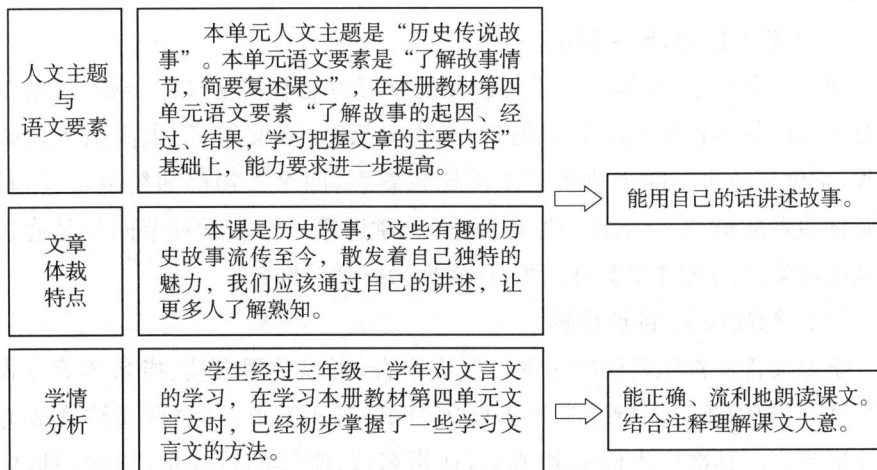

人文主题与语文要素	本单元人文主题是"历史传说故事"。本单元语文要素是"了解故事情节，简要复述课文"，在本册教材第四单元语文要素"了解故事的起因、经过、结果，学习把握文章的主要内容"基础上，能力要求进一步提高。	能用自己的话讲述故事。
文章体裁特点	本课是历史故事，这些有趣的历史故事流传至今，散发着自己独特的魅力，我们应该通过自己的讲述，让更多人了解熟知。	
学情分析	学生经过三年级一学年对文言文的学习，在学习本册教材第四单元文言文时，已经初步掌握了一些学习文言文的方法。	能正确、流利地朗读课文。结合注释理解课文大意。

图 6-3　《王戎不取道旁李》教学个性分析

五、文言文教学路径提炼

基于以上共性、个性的分析，以《精卫填海》《王戎不取道旁李》为例，尝试梳理文言文教学的基本路径（见图6-4）：

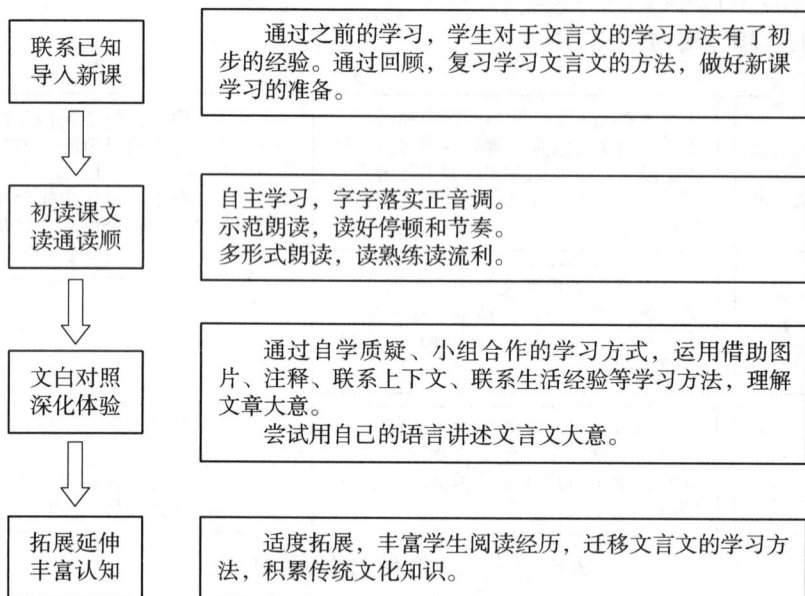

联系已知导入新课	通过之前的学习，学生对于文言文的学习方法有了初步的经验。通过回顾，复习学习文言文的方法，做好新课学习的准备。
初读课文读通读顺	自主学习，字字落实正音调。 示范朗读，读好停顿和节奏。 多形式朗读，读熟练读流利。
文白对照深化体验	通过自学质疑、小组合作的学习方式，运用借助图片、注释、联系上下文、联系生活经验等学习方法，理解文章大意。 尝试用自己的语言讲述文言文大意。
拓展延伸丰富认知	适度拓展，丰富学生阅读经历，迁移文言文的学习方法，积累传统文化知识。

图6-4 文言文教学路径

（一）联系已知，导入新课

通过之前的学习，学生对于文言文的学习方法有了初步的经验。《精卫填海》一课，教师首先出示后羿射日、盘古开天地、夸父追日、大禹治水四幅图片，学生猜故事。四个故事学生都比较熟悉，四个人物都和精卫一样，具有坚韧执着的精神。《王戎不取道旁李》这堂课第一个教学环节同样是通过回顾已经学过的文言文学习方法，让学生做好学习准备。

（二）初读课文，读通读顺

学习文言文首先要读准字音。读准字音，可以采用自读、指名读等方式进行练习，教师还可以指导学生借助预习单、对比字形、结合课文注音等方法读准字音。其次读出停顿和节奏，在指名读、听读的过程中，学生根据标点形成自然停顿；教师还可以通过引导学生用斜线在文中进行标记的方式，读好长句的停顿。最后,通过合作朗读、齐读等多种方式朗读,在反复阅读中读熟练,为达成"背诵课文"这一目标做好铺垫。

(三) 文白对照,深化体验

通过自学质疑、小组合作的学习方式,运用借助图片、借助注释、联系上下文、联系生活经验等学习方法,理解文章大意。尝试用自己的语言讲述文言文的大致意思。《精卫填海》的课堂教学指向本单元语文要素,先借助注释和插图等方法,理解词句意思,再从起因、经过、结果三个方面梳理文章脉络,最后发挥想象用自己的话讲讲精卫填海的故事,通过想象,体验精卫填海神话故事的神奇色彩。《王戎不取道旁李》在了解词句意思,厘清文章脉络之后,学生连起来说一说故事的意思。最后让学生讲一讲这个故事,引导学生关注注释,发挥想象,传达出王戎的过人智慧,把故事讲述得吸引人。

(四) 拓展延伸,丰富认知

学习《精卫填海》一课后,适时引导学生课后拓展阅读《山海经》。通过学习《王戎不取道旁李》,拓展阅读《世说新语》中的相关故事。通过学习一篇课文,带动学生阅读一类文章。同类文本的阅读,有助于迁移文言文的学习方法,积累传统文化知识,丰富学生阅读经历,把学生引向更为广阔的传统文化世界。

上海市松江区华东政法大学附属松江实验学校　刘金丽

上海市杨浦区控江二村小学　顾昕

提炼路径并撰文

第七篇 汉字教学案例与教学路径

彰显汉字之美，感受汉字魅力

——《日月水火》教学案例

案例背景

《义务教育语文课程标准（2011 年版）》指出："在语文学习过程中，提高学生的文化品位和审美情趣。"汉字是中国文化的根基。汉字文化渊源流长，有其独特的教学价值。小学语文识字教学要把汉字的工具性、文化性和艺术性相融合，传递给学生，在汉文字教学中培养学生对中华优秀文化的认同感和使命感。

《日月水火》是小学语文统编教材一年级上册第一个识字单元的第 4 课。本课采用象形字识字的方法认识生字。象形字的构字方法是描绘物体的轮廓，突出事物的特征。作为原始的造字方法，象形字对了解、传承汉字文化有重大意义。课文呈现了生活中常见的 8 个象形字，每个字用图文结合的方式，解释了象形字以象示物的特点，便于学生理解字义，识记字形。

汉字充满意境美、形象美和内在美。在汉字教学过程中，教师要善于激发学生的识字兴趣，彰显汉字之美，传承汉字文化。

案例描述

教学片段（一）

师：老师带来一个很特别的故事。故事是这样的：很久很久以前，有一个美丽的村庄。清晨,火红的太阳升起来了。美丽的村庄就出现在我们眼前(出示"日"的图片和象形字)。村庄的远处有什么?(出示"山"的图片和象形字)

生1:远处有一座座山。

师:这山有高有低,连绵不断。山脚下出现了一条清清的小河,这河水怎么样呀?(出示"水"的图片和象形字,播放水流的声音)

生2:河水哗啦哗啦。

生3:小河好像在唱歌。

师:你可真会想象,在阳光下河水还发出了亮亮的光,这一定是一条快乐的小河。小河边上散落着大大小小的石头(出示"石"的图片和象形字)。这河的两岸又是什么呢?(出示"田""禾"的图片和象形字)

生4:河两岸是田,田里长着小禾苗。

师:是呀,绿绿的禾苗在田地里快乐地生长。傍晚,太阳下山了。谁来继续讲这个故事呢?(出示"月""火"的图片和象形字)

生5:月亮升上天空,人们围在火堆旁边。

师:弯弯的月亮挂在夜空,忙碌了一天的人们坐在篝火旁边,用火照明,用火烧烤食物。他们唱歌跳舞,过着幸福的生活。小朋友,你发现这个故事有什么特别的地方呢?

生6:每一幅图旁边都有一个像字一样的符号,这是以前的字吗?

师:这是我们的祖先在三千多年前根据事物的样子创造出来的汉字,我们叫它象形字。

专家点评

对于低段的儿童来说,兴趣是学习的动力,教师边讲故事边出示"日""山""水"等图片,注重创建识字与图画的关联,借助色彩明艳的图画给小朋友们带来视觉盛宴,充分调动儿童的积极性。汉字起源于生活,又应用于生活,教师在识字教学时也注重搭建识字与生活的桥梁,将识字与孩子们的生活紧密联系起来,让他们真正体会到学习汉字的快乐。教师利用一个有趣的故事引出本课,利用优美的语言和形象的图画给孩子营造了一个美丽情境,激发学生学习的兴趣,让孩子在情境中发挥想象,锻炼思维能力,整体感知汉字的美。

教学片段(二)

师:日,就是太阳。右下角的符号就是象形字"日"。看看图画中的太阳,再看看象形字"日",你有什么发现吗?

生1:这个"日"字和太阳一样,都是圆圆的,和太阳长得很像。

生2:"日"里面的一横就好像是太阳发出的光。

师:古人就是依据太阳的样子创造出了"日"这个汉字。看到这个字,你马上就能联想到天上的太阳,"日"就是太阳,太阳就是"日"。请你拿出铅笔,写一写"日"这个象形字吧,注意握笔的姿势和写字的姿势。

(生用铅笔勾画甲骨文"日")

师:咱们现在的汉字"日"和古代的象形字有点不一样。(出示"日"字的演变图)快用你闪闪发光的小眼睛看一看,你发现有什么不一样?

生3:一个是圆的,一个是方的。

生4:现在的"日"字是长方形的,以前是圆的,和太阳更像。

师:咱们的祖先很早就发明了汉字,随着我们国家历史的发展,人们在使用汉字的过程中,为了书写更加方便,会对汉字的书写做一些调整。经过慢慢的演变,"日"就变成了现在这样。我们的祖先多有智慧,汉字文化多么有趣呀!我们读这个"日"字!

(生齐读:日)

师:像"日"这样,古人根据东西的样子造出了一个又一个汉字。咱们前后桌四人为一个小组一起学习,仔细观察古汉字"月、水、火",找找它们哪里长得像,分别在图片和文字上圈一圈。(PPT出示"月、水、火"字和象形图片)

(小组讨论、圈画)

小组代表1:月亮有时候是弯弯的,"月"字和月亮很像,也是弯弯的。

小组代表2:我看"水"字,就像是河水在流。

小组代表3:"火"这个汉字,好像真的火一样。

师:小朋友们都能认真观察,用心发现,热烈讨论,老师给你们点个大大

的赞。瞧,这里还有一组生字,你能结合图片和象形字来猜一猜都是什么字吗?(出示课后练习题)

(生交流……)

师:古人根据事物的形状造出了很多汉字。大家课后可以读一本故事书《仓颉造字》,去了解更多古人造字的故事。

专家点评

本课学习的汉字是象形字,教学时,教师借助图画,指导学生在图画与汉字之间建立联系,引导学生自主探究发现象形字的造字规律,让学生在观察与书写的过程中了解汉字"日"的演变过程,追根溯源,明白汉字"日"背后的含义,这样更能激发儿童主动学习汉字的欲望,引导他们主动体会汉字的美,感受古人造字的智慧。学习好"日"后,教师趁热打铁,依据儿童的思维规律进行拓展迁移,以小组合作学习的方式引导学生识字,充分发挥学生的主观能动性,把课堂还给学生。教学还不止于此,课的最后,教师给学生推荐了《仓颉造字》故事书,希望学生趁着识字的这股兴致开始阅读,在一个个故事中快乐识字,进一步了解汉字的发展演变,品味汉字的博大精深,领略中华传统文化之美。

教学片段(三)

师:看看图,你能想到哪些带有"日"字的词语呢?(出示"日出、日落"图)

生1:日出。

生2:日落。

师:太阳升起就是日出,太阳落山就是日落。太阳升起又落下,就是一天,也叫一日。想一想,生活中,你还在哪些地方见到过这个"日"字呢?

生1:生日。我过生日的时候,要吃生日蛋糕。

师:你是哪一天出生的,每年的这一天就是你的生日。生日对我们每个人都有特别的纪念意义。

生2:日历。我们家有日历,我在日历上画了很多画。

师：每一天，我们都会在日历上翻开新的一页。

生3：节日。我们要过"儿童节""春节"，有好多节日。

师：你的知识真丰富。小朋友们，你知道我们国家有哪些传统节日吗？

生1：春节、中秋节。

生2：清明节。

生3：元宵节、教师节。

师：哎呀，小朋友们知道的真不少。我们中国有许多自古就有的节日，这些节日的习俗保存到现在。比如春节放鞭炮，元宵节吃汤圆，中秋节赏月吃月饼，端午节赛龙舟、包粽子，等等，这些节日都是我国的传统节日。有一些节日是后来才出现的，比如教师节，所以教师节不是传统节日哦。其他国家也有自己特有的节日。感兴趣的同学可以回去阅读相关的书籍，学习更多有关节日的知识！

专家点评

学习一个汉字不仅仅要认识它、记住它，更要学会运用。学完"日"字后，老师出示"日出""日落"的图片，构建词语与图片之间的联系，巧妙地将识字同儿童生活实际联系起来，真正体现教学从生活中来，再到生活中去。引导学生调动已有的认知经验给"日"字组词，帮助学生积累语言文字，加深对汉字的理解。当说到节日时，引导学生联系生活及经验说说自己知道的传统节日，师生一起交流传统节日的习俗并推荐阅读相关书籍，了解丰富的传统文化知识，感受传统文化的神奇与伟大。

教学片段（四）

师：汉字"月"就像天上弯弯的月亮，瞧，"月"字开始变啦，你发现它有什么变化呀？（出示"月"字演变图）

生1：我发现"月"字把月亮变长了。

生2：古代的"月"字是两头尖尖的，现在的"月"字不尖了。

师：你们观察得真仔细。月亮的形状是在不断地变化的，它有时候是小小的月牙，有时候像一条细长的眉毛，有时候像一把弯弯的镰刀，多神奇呀！不过,在我国古代,人们最喜爱象征团圆的满月,许多诗人写过与月亮有关的古诗,你能背几句吗?

生3:床前明月光,疑是地上霜。

生4:举头望明月,低头思故乡。

师:这些都表达了诗人思念家乡的感情。其实,有许多思乡的诗都与月亮有关,比如:"海上生明月,天涯共此时。""露从今夜白,月是故乡明。"圆圆的月亮,寄托了人们对家乡、对亲人的思念。

师:"火"的字形也有了变化。你看,这甲骨文的"火"字像什么? 而逐渐演变到现在的"火"又像什么呢?(出示"火"的汉字演变图)

生1:古代的"火"像一团火焰。现在的"火"下面又多了撇捺,像是木头。

师:你的想象力真丰富。火,对人类的生活影响很大。关于远古时期的火,还有这样一个神话故事呢! 我们一起来听一听。(播放《燧人氏取火》故事片段)请你说说火有什么作用呢? (出示火的不同图片)

生2:火可以照明。

生3:火可以做饭。

生4:火也有可能引发火灾。

师:是呀,火可以帮助我们,也有可能带给我们灾难,所以我们要正确使用它。

专家点评

一年级儿童以形象思维为主,教学中适当运用汉字演变过程的图片可以帮助他们更直观、形象地了解汉字,从汉字的演变过程中体会汉字的神奇,感受古代劳动人民的智慧,其学习兴趣也会油然而生。

识字教学还有一个任务,就是表达与运用。在汉字"月"的教学中,教师适度拓展了古诗词,学生积累和"月"相关的诗词,不仅丰富了"月"文化的认知,还激发其对中华优秀传统文化的热爱。同样,老师以《燧人氏取火》的故事片段,来丰富儿童对汉字"火"的认知,通过故事带领孩童走进远古社会,儿童在想象中畅游,感受汉语言文字的神奇,领略古诗词、神话故事等中华优秀传统文化的无限魅力。

案例反思

(一) 追根溯源,欣赏汉字的形象美

汉字的构字规律本身就是传统文化的重要内容。"六书"是我国历史上最早的关于汉字构造的系统理论,包括象形、指事、会意、形声、转注、假借。象形、指事、会意、形声是造字法,转注、假借指的是后来衍生发展的文字的使用方式。

在识字教学中了解汉字的构字规律有助于学生获得汉字所承载的丰富的传统文化知识。在识字教学的过程中,教师可以利用现代化的教学手段展示生字,利用构字规律开展识字教学,追根溯源,了解汉字的演变过程,这符合小学生形象性思维的特点,符合小学生的认知规律。趣味性与知识性相结合,学生既能够了解汉字的字义和字形,又能够了解其来源,从而对学习汉字产生更大的兴趣,比如象形字"日、月、水、火"等,展现了早期人类生活的基本场景,可以感受到古人对自然的探索和美好想象,帮助学生认识汉字包含的中华文化和民族智慧。

(二) 图文对照,领略汉字的意境美

《义务教育语文课程标准(2011 年版)》指出,要培养学生"喜欢学习汉字,有主动识字、写字的愿望。对学习汉字有浓厚的兴趣,养成主动识字的习惯"。小学阶段学生以形象思维为主,图文对照的方式符合学生的认知特点,能够激发学生的识字兴趣。色彩明丽的画面、趣味性的故事可以对小学生产生更强大的吸引力,符合小学阶段学生侧重于形象思维的特点,让学生从一开始接触汉字就能够产生一种审美愉悦感。学生在课堂上感受到学习汉字的趣味,调动了学习汉字的积极性和主动性。[①]

通过图文对照,还可以帮助学生透过汉字的形象,感悟汉字的意境美。课堂伊始,教师创设识字情景,在讲述故事的过程中,呈现一幅幅事物的图片和一个个古老的象形字。教师和学生合作,展现出美好和谐的乡村场景。

---

① 熊学芳.小学语文趣味识字教学的有效策略[J].家长(上旬刊),2019(2):89—91.

再通过教师的讲述和学生的想象,汉字不再是一个一个的个体,而是融为一体的有生命、有温度的文化符号。

在小学语文统编教材中选编了许多精美的插图,这些插图不仅可以有效激发学生的学习兴趣,还可以对学生进行传统文化的渗透,增强学生学习的趣味性和识字效果。在识字教学过程中,教师可以利用课文插图进行识字教学,通过图文对照的方式让学生感受汉字的意境美,传承优秀的汉字文化。例如,在本课中,每一个汉字都带有一张插图和一个古汉字图片,学生通过对比观察,发现事物、古汉字和现代汉字三者之间的相似与不同。学生圈圈画画,说说议议,不仅能够认识字形、记住字音,也能够感受到古人造字的智慧,领略汉字的形象之美。

(三) 拓展积累,感悟汉字的内在美

识字教学应当最终指向语言文字的运用,在识字教学过程中,通过对与文字相关联的古诗词、历史故事、神话传说等文化知识适度拓展,不仅仅丰富了学生当下的语文学习,更为学生打开一扇了解优秀传统文化的门,在学生心底埋下一颗传统文化的种子,通过感悟汉字的内在美,感受中国文化的博大精深,感受文字背后的文化之美。

古诗词是中华文化的瑰宝,是民族精神传承的重要载体。在识字教学中,教师可以适度拓展古诗词帮助学生了解中国人赋予汉字的文化价值,比如在课堂上教"月"字时,除了教会学生字音、字形和基本字义,还可以拓展关于"月"的古诗词,比如学生耳熟能详的《静夜思》。一年级的学生因识字量、阅读量、生活阅历有限,也许不能够完全理解古诗词的深刻含义,所以课堂上老师只要点到为止,不需要做过多知识性的讲解。再比如,学习"火"时,教师选取了神话故事《燧人氏取火》片段,丰富学生的认知,激发学生的识字兴趣,引导学生体会古人积极向上的生活态度和利用自然、改造自然的智慧和勇气。学生听故事的过程,就是在对中华民族优秀传统文化中正确的人生观、价值观的学习和感悟。学习完本课,还可以推荐学生阅读《仓颉造字》等课外读物,进一步了解汉字的发展历史。

总而言之,小学语文识字教学要注重中华优秀传统文化的传承,让学生在学习汉字的过程中感受汉字之美,传承汉字文化。这是新时代课程改课的要求,也是小学语文教学重要的人文价值,是落实"立德树人"根本任务的

重要途径。

上海市松江区华东政法大学附属松江实验学校刘金丽　撰写
上海市松江区第三实验小学校长、特级教师樊裔华　点评

走进汉字世界，感受文化魅力

——小学低年级汉字教学路径

汉字是音形义的全息结合体，既可以记录汉语，又可以阐述万物大道和文化观念。汉字作为认识、了解中华传统文化的桥梁，它的重要性不言而喻。同时识字、写字是阅读和写作的基础，是第一学段的教学重点，也是贯串整个义务教育阶段的重要教学内容。

一、小学语文统编教材低年级识字单元中相关课文的梳理

统编教材，在第一学段共安排了六个识字单元，一年级每册两个，二年级每册一个，如表 7-1 所示。识字单元的部分课文，通过图字结合的方式，引导学生感知汉字独特的构字特点以及其中的文化魅力。

表 7-1　小学语文统编教材低年级中华优秀传统文化篇目梳理

册次	中华优秀传统文化篇目
一年级上册	1 《天地人》 4 《日月水火》 《语文园地八·字词句运用》
一年级下册	1 《春夏秋冬》 《语文园地五·识字加油站》 《语文园地五·我的发现》 《语文园地八·我的发现》
二年级下册	3 《"贝"的故事》 4 《中国美食》 《语文园地三·我的发现》

二、低年级汉字教学共性分析

小学语文统编教材低年级汉字教学共性分析，如图 7-1 所示：

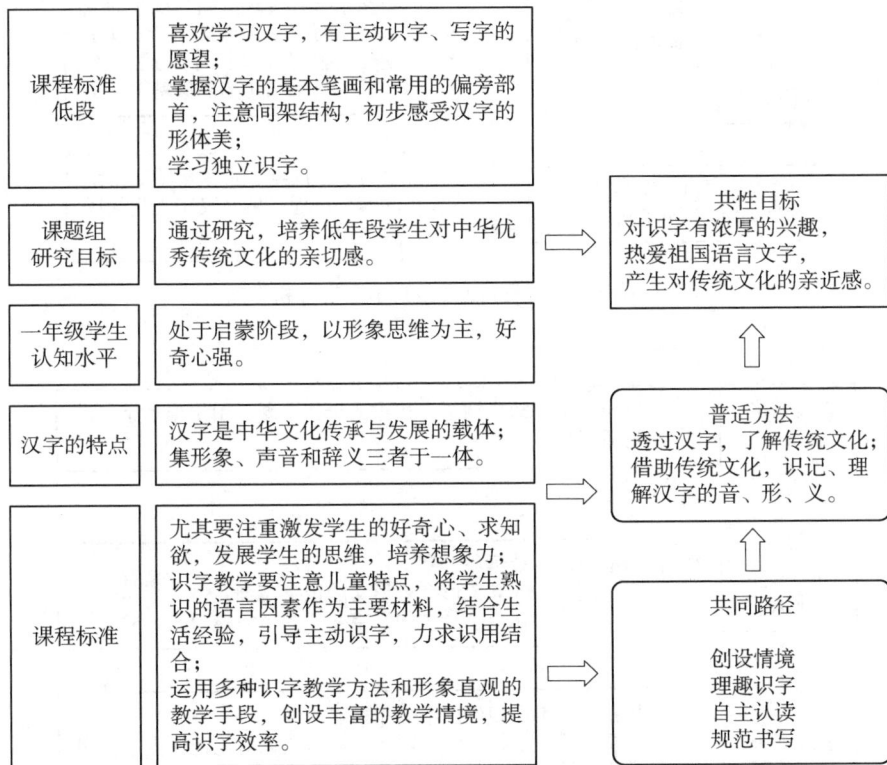

| 课程标准
低段 | 喜欢学习汉字，有主动识字、写字的愿望；
掌握汉字的基本笔画和常用的偏旁部首，注意间架结构，初步感受汉字的形体美；
学习独立识字。 |

| 课题组
研究目标 | 通过研究，培养低年段学生对中华优秀传统文化的亲切感。 |

| 一年级学生
认知水平 | 处于启蒙阶段，以形象思维为主，好奇心强。 |

| 汉字的特点 | 汉字是中华文化传承与发展的载体；集形象、声音和辞义三者于一体。 |

| 课程标准 | 尤其要注重激发学生的好奇心、求知欲，发展学生的思维，培养想象力；
识字教学要注意儿童特点，将学生熟识的语言因素作为主要材料，结合生活经验，引导主动识字，力求识用结合；
运用多种识字教学方法和形象直观的教学手段，创设丰富的教学情境，提高识字效率。 |

共性目标
对识字有浓厚的兴趣，
热爱祖国语言文字，
产生对传统文化的亲近感。

普适方法
透过汉字，了解传统文化；
借助传统文化，识记、理解汉字的音、形、义。

共同路径

创设情境
理趣识字
自主认读
规范书写

图 7-1　低年级汉文字教学共性分析

三、低年级汉字教学个性分析

《日月水火》是小学语文统编教材（五·四学制）一年级上册《识字》单元第 4 课，其教学个性分析如图 7-2 所示：

四、低年级汉字教学路径提炼

基于以上共性、个性的分析，以《日月水火》为例，尝试梳理低年级识字教学的基本路径（见图 7-3）：

课文呈现了生活中常见的、使用频率较高的8个象形字。 ⟹ 创设情境，结合经验，猜读象形字，初步了解象形字特点。

每个字用图文结合的方法展示，图片、古汉字与现代汉字对照，形象地展现了象形字"观物取象、寓意于形"的构字特点。 ⟹ 图文结合，发现图画与汉字的关系。学习汉字音形义，了解汉字演变，了解象形字识字方法，初步感受汉字文化的形象魅力。

课后要求书写4个汉字，课后练习又列举了6个象形字。 ⟹ 书写识记汉字，进一步感知汉字的演变过程，感受汉字文化的形象魅力。

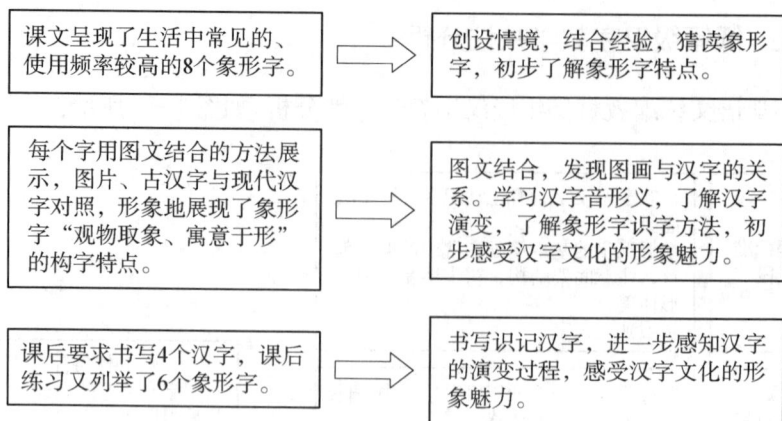

图7-2 《日月水火》教学个性分析

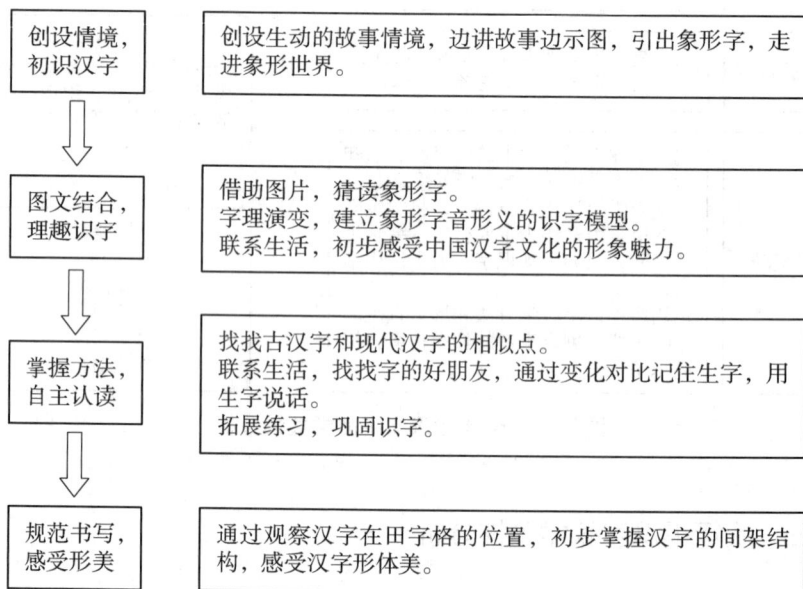

创设情境，初识汉字 → 创设生动的故事情境，边讲故事边示图，引出象形字，走进象形世界。

⬇

图文结合，理趣识字 → 借助图片，猜读象形字。
字理演变，建立象形字音形义的识字模型。
联系生活，初步感受中国汉字文化的形象魅力。

⬇

掌握方法，自主认读 → 找找古汉字和现代汉字的相似点。
联系生活，找找字的好朋友，通过变化对比记住生字，用生字说话。
拓展练习，巩固识字。

⬇

规范书写，感受形美 → 通过观察汉字在田字格的位置，初步掌握汉字的间架结构，感受汉字形体美。

图7-3 低年级识字教学路径提炼

（一）创设情境，故事引入，激发兴趣

传说仓颉是汉字的创造者。汉字本身就有着神话色彩，一个汉字就是一个生动的故事。一年级的学生最喜欢听故事。《日月水火》一课中，以看图讲故事的方法引入新课，边讲故事边出示图片，调动学生的多重感官，在

渗透汉字文化的同时,激发学生主动识字的兴趣。

(二)图文对照,理趣识字,感受魅力

通过图文对照,帮助学生建立图片与汉字之间的关系。通过动手画一画象形字"日",了解"⊙"外面的轮廓就是太阳的外形,中间一横就是它的光芒。在此基础上,真切地感受汉字不仅仅是一个个字,也是一幅幅图画,体会汉字形义结合的特点。通过观察不同时期的"日"字,了解到汉字的演变过程,感受汉字的悠久历史和无穷魅力。

(三)联系已知,掌握方法,自主识字

"识字教学要注意儿童特点,将学生熟识的语言因素作为主要材料,结合生活经验,引导主动识字,力求识用结合。"在初步识字的基础上,引导学生联系生活经验:找——给生字找朋友;找——汉字和图片、古汉字相对应;说——古汉字哪些曾见过,最喜欢哪一个;唱——象形字识记儿歌。

在这过程中,引导学生进一步感受象形字的特点,掌握自主识记象形字的方法,体会象形字的魅力,体验识字的乐趣。

(四)规范书写,强化识记,感知形美

汉字的文化魅力不仅仅在于义丰,还在于形美。同时写字教学也是小学阶段的重点内容。

在写字之前,引导学生观察汉字的间架结构,感知方块字的形体美;了解书写规则,了解汉字书写穿插避让,感知其中体现的包容谦让就是中华民族的传统美德。

学生在感受到汉字的魅力后,教师通过示范指导学生书写,力求端正并给予适当的鼓励,使学生产生喜爱写字的愿望。

上海师范大学附属外国语小学沈玉婷　提炼路径并撰文

第八篇　成语教学案例与教学路径

在文化浸润中理解运用

——《语文园地》"日积月累"板块成语教学案例

案例背景

　　小学语文统编教材三年级下册《语文园地七》"日积月累"板块安排的是一组八字成语，每个成语由八个字组成，前后四字表达的意思相关联，一般连起来使用。关于成语，《现代汉语词典》(第7版)中有这样的解释："人们长期以来习用的、简洁精辟的定型词组或短语。"所谓"众人皆说，成之于语"，成语蕴含着丰富的内容，是中国优秀传统文化的传承和积淀，也是传统文化教学中的重要组成部分。积累和运用成语是课程标准对小学阶段语文教学提出的基本要求，要从小学开始培养学生理解和运用成语的能力，激发学生对优秀传统文化的热爱。

　　小学语文统编教材在成语教学的安排上，呈现梯度性。以《语文园地》"日积月累"或"词(语)句段运用"板块作为载体，主要培养学生语言的积累与运用能力。小学语文统编教材在成语教学的安排上，按照学段特点，从对成语的理解、积累到拓展、运用，逐层深入。从成语的类型上看，有与动物、寓言、神话有关的成语；从成语的字数上看，有四字成语、八字成语，覆盖全面。本案例中的成语教学，符合中年级学生的学习能力，学生在低年级学习中对成语有了一定的积累，再学习八字成语，也为高年级更深入的学习打下基础。

案例描述

教学片段（一）

师：同学们，我们平时接触的成语大部分都是四个字的，其实成语不全是四个字的。有三个字的，比如"门外汉""马前卒"；有五个字的，比如"小巫见大巫""一去不复返"；还有十几个字的成语呢，比如"以其人之道还治其人之身""只许州官放火，不许百姓点灯"。今天，我们要学习积累的成语是八个字的成语。（PPT 显示"日积月累"内容）

师：请同学们根据拼音，读准这四个成语。

（生自读成语）

师：请一位同学来读一读。

（指名一生朗读成语）

师：听了他的朗读，有没有什么要提醒大家的？

生："不入虎穴，焉得虎子"的"穴"不是第四声，是第二声，读 xué，请大家跟我一起读"不入虎穴，焉得虎子"。

生齐读：不入虎穴（xué），焉得虎子。

师：这个字读 xué，不入虎穴。

师：这个字刚才这位同学读准了"眼见为（wéi）实"，我们也一起读读这个词。

生齐读：眼见为（wéi）实。

师：请同学们再读读这些成语，想想它们分别是什么意思，再在小组内交流交流。

（生自读、思考，组内交流）

专家点评

　　一个有经验的老师，往往不是就一个内容教一个内容。找准学生的旧知起点，唤醒学生的知识记忆，举一反三，引入新知的学习，是好课的特征之一。成语是中华优秀传统文化，学文化就要以文化的方式开端。课堂教学中，谢老师以三字成语"门外汉""马前卒"，五字成语"小巫见大巫""一去不复返",十一字、十二字的成语"以其人之道还治其人之身""只许州官放火,不许百姓点灯"等为引子,把学生带入八字成语的学习中。看似轻描淡写,实则匠心独运,在细微处彰显中华优秀传统文化,于潜移默化中启发学生大致明白成语可以按字数分成多类,同时拓展了成语的积累,激起学生成语学习的兴趣。

教学片段(二)

师:我们来交流。

生1:我们小组经过讨论,知道"兵来将挡,水来土掩"的意思,敌人来了派将士抵挡,水来了就用土去掩盖。

师:嗯,你们说出了这个成语本来的意思,那"兵来将挡,水来土掩"是用来比喻什么的呢? 你们知道吗?

生2:我来补充,"兵来将挡,水来土掩"是比喻不管对方用什么计策、什么手段,都有办法对付。

师:是的,也就是比喻针对具体的情况采取相应的对策。我们继续交流。

生3:我们小组讨论了"不入虎穴,焉得虎子"的意思。"虎穴"就是老虎的洞穴,"焉"是"怎么"的意思。这个成语就是说如果不进老虎洞,怎么能捉到小老虎呢? 比喻不经历艰险就不能取得成功。

师:你们小组很会学习,不仅说出了"不入虎穴,焉得虎子"的本意,还知道了它是用来比喻什么情况的。是啊,任何成功的取得都不是轻而易举的,我们要有经受艰难险阻的勇气。为你们点赞!

生4:"眼见为实,耳听为虚"指的是耳朵听到的不如眼睛看到的,也就是我们的亲身感受比传闻更可靠。

师:是的,听到的不一定是真的,要用眼睛去看,用心去感受。

生5:我们明白了"近朱者赤,近墨者黑"的意思。"朱"就是朱砂,红色的。这个成语意思是靠近朱砂就容易染成红色,靠近墨就会变黑。

师:对! 现在用这个成语来比喻人们常常因为环境的影响而改变自己的习性。

专家点评

　　学生对成语的理解,不是教师给的,也不只查阅工具书这一种办法;它可以自读自悟得来,可在与同伴交流中体会,还可通过师生互相点拨、补充升华感受。谢老师在教学中鼓励学生通过自己朗读,体会成语的意思,小组交流,互相补充完善对成语的理解,再全班共享,同伴补充,教师点拨。如此,学生不仅理解了成语的本意,还对其引申义有所体会。更为重要的,是教师巧妙的点评引导,如"是的,听到的不一定是真的,要用眼睛去看,用心去感受";再如"你们小组很会学习,不仅说出了'不入虎穴,焉得虎子'的本意,还知道了它是用来比喻什么情况的。是啊,任何成功的取得都不是轻而易举的,我们要有经受艰难险阻的勇气。为你们点赞!"这样的引导超越了知识教学本身,于学科中育人,为学生的做事为人播下了一颗美好的种子。学生积累的是成语,读懂的是其中内蕴,是中华儿女应当具备的优秀品质。

教学片段(三)

师:我们四个小组的同学都说得很好,把这四个八字成语的意思都说清
　　楚了。了解了意思,我们试着来用一用吧。我们来看看这两句话,
　　读一读,想一想。

(PPT 显示:

读读句子,选择正确的成语填空。

1. 爷爷经常对我说:"＿＿＿＿＿＿＿＿＿。有些事情,最好亲自证实一
下,不能光听别人说。"

2. ＿＿＿＿＿＿＿＿＿。再麻烦的事情总有解决的办法,没什么可
怕的。)

师:想好了吗? 来,说说看。

生1:爷爷经常对我说:"眼见为实,耳听为虚。有些事情,最好亲自证
　　实一下,不能光听别人说。"

师:爷爷说得对,咱们不能别人说什么,就信什么。这个成语用在这里
　　很合适!

生2:兵来将挡,水来土掩。再麻烦的事情总有解决的办法,没什么可

怕的。

师：确实，就像这位同学说的，办法总比困难多。不管遇到什么情况，我们总能想出办法解决的。我们理解了"兵来将挡，水来土掩"的意思，就能恰当地运用了。

师：课后，我们可以收集这些成语背后的故事，讲给你的小伙伴听。

专家点评

成语是我们中华民族优秀文化宝库中一颗璀璨的明珠，读、背、体会意思，都是学习成语的必要方法。但若只停留在读、背、说说成语意思本身，那是远远不够的。"语文课程是一门学习语言文字运用的综合性、实践性课程"。谢老师通过母语情境的创设，鼓励学生在语境中运用所学成语，把个体输入的对成语的理解内化为自身知识的一部分，再通过输出，在运用中提升语言的理解力与表达力，促进学生在运用中传承中华优秀传统文化。课的最后，谢老师看似一笔带过的实践作业"课后，我们可以收集这些成语背后的故事，讲给你的小伙伴听"，实则是进一步拓宽了学生传承传统文化的时空，鼓励学生在收集、阅读、讲述中进一步体会成语的美。

案例反思

成语是我国传统文化积淀而来的思想、理念等的浓缩。所谓"文以载道"，通过学习成语，可以更好地培养学生对于汉语言文化的兴趣，更好地传承中国的传统文化。[①] 以三年级八字成语教学为例，窥一斑而知全豹，我们可以探知小学阶段怎样在成语教学中进行文化传承。

（一）激情引趣，体会传统文化之博大

陶行知先生说过："学生有了趣味就会将全部精力用去做事。"学生在学习成语的初始阶段，教师若能激发学生对成语学习产生浓厚的兴趣，让学生能够主动学习，对于学生感受和探索中国的传统文化，无疑能起到非常好的助力作用。

---

① 张丽. 浅谈小学成语教学[J]. 黑河教育，2019(8)：47—48.

如何激发学生的学习兴趣呢？教育专家曾指出："让学生主动学习其实很简单，就是营造出一种学生喜欢的学习氛围。"成语来自寓言、神话、典故等。我们在课堂教学中，可以利用成语的特点，将寓教于乐的理念渗透到成语教学当中。教师可以在课堂中开展成语接龙活动，按座位或学号等一定的顺序，让学生依次说出符合要求的成语，比如以与寓言有关的成语为要求进行接龙，这样既增加了学生的成语储备，也让学生了解了中国丰富的寓言故事。除此之外，还可以开展成语抢答、比划猜成语、成语故事我来讲等形式多样的活动。同时，利用多媒体辅助教学来激发学生的学习兴趣。让学生在轻松的学习氛围中，更好地遨游于成语背后那一片富饶而神奇的传统文化的海洋，体会传统文化的博大精深。

（二）语境活用，传承中华文化之意蕴

成语教学的目标不仅在于积累，更在于运用。只有学会运用成语，才能提升学生的语文素养，也才能了解成语背后的中国传统文化，并能将其活学活用，真正传承下去。在语境中活用，则是传承中华文化意蕴的佳法。

语境，指使用语言的环境。在教学中，教师可以创设一定的语境，让学生思考并使用合适的成语填入，引导学生能够根据不同的语境使用不同的成语。在本课教学中，教师就是使用了这样的方法，创设了爷爷教育我们以及遇到麻烦的事情要想办法解决等生活中常见的语境，来帮助学生在语境中更牢固地理解、积累这些成语，并学会灵活运用。

在语境中活用，还可以引导和鼓励学生将语言代入自己的现实生活中，通过这样的语境，来增强对成语的理解及学习的兴趣。当然，这是在学生对成语背后的中华文化有了一定的理解后，尝试建立成语与生活之间的有效联系，将成语运用到自己的语言表达当中，由此，更加熟练地运用成语，感悟中华文化的意蕴，使其由"古"至"今"传承下去。

上海市松江区泖港学校（五厍学校）校长、特级教师谢江峰　执教
上海市松江区第三实验小学校长、特级教师樊裔华　点评并撰文

自主探究理解，实践传承智慧

——小学中年级《语文园地》板块成语教学路径

成语是中华民族长期积淀下来的富有鲜明特色的语言材料，它数量众多，具有结构匀整、音律和谐、内容丰富、形式生动等特点，承载着中华民族独特的价值观与人生态度，是汉语言中的瑰宝之一。成语的学习与运用，让学生在自主探究的过程中感受汉语言的博大精深，在实践运用中传承中华优秀传统文化的智慧。

一、小学语文统编教材《语文园地》相关成语教学梳理

成语除了在小学语文统编教材的课文出现外，在《语文园地》中"词句段运用"和"日积月累"板块集中出现共了 14 次，编排上由易到难，学生的认识也由浅入深。具体分布如表 8-1 所示：

表 8-1　小学语文统编教材《语文园地》相关成语梳理

册次	板块	内容
一年级上册	《语文园地七》日积月累	**【日积月累】** zhòng guā dé guā　zhòng dòu dé dòu 种 瓜 得 瓜，种 豆 得 豆。 qián rén zāi shù　hòu rén chéng liáng 前人栽树，后人乘 凉。 qiān lǐ zhī xíng　shǐ yú zú xià 千里之行，始于足下。 bǎi chǐ gān tóu　gèng jìn yí bù 百尺竿头，更进一步。
二年级上册	《语文园地八》日积月累	**【日积月累】** láng tūn hǔ yàn　jīng gōng zhī niǎo　dǎn xiǎo rú shǔ 狼吞虎咽　惊弓之鸟　胆小如鼠 lóng fēi fèng wǔ　lòu wǎng zhī yú　rú hǔ tiān yì 龙飞凤舞　漏网之鱼　如虎添翼 jī míng gǒu fèi　hài qún zhī mǎ　rú yú dé shuǐ 鸡鸣狗吠　害群之马　如鱼得水

（续表）

册次	板块	内容
三年级上册	第一单元《语文园地》词句段运用	**【词句段运用】** 下面的成语有什么特点？和同学交流你的发现。 摇头晃脑　披头散发　张牙舞爪(zhǎo)　提心吊胆(diào) 面红耳赤(chì)　手忙脚乱　眼疾手快(jí)　口干舌燥(zào)
	第二单元《语文园地》日积月累	**【日积月累】** 秋高气爽(shuǎng)　天高云淡　秋风习习 一叶知秋　金桂飘香　层林尽染(rǎn) 五谷丰登　果实累累(léi)　春华秋实
	第四单元《语文园地》词句段运用	下面的成语有什么特点？你还能说出类似的成语吗？ 百发百中　四面八方　七上八下 百战百胜　四通八达(dá)　七嘴八舌 百依百顺　四平八稳　七手八脚
三年级下册	第二单元《语文园地》日积月累	**【日积月累】** 邯郸学步(hán dān)　滥竽充数(làn yú)　掩耳盗铃(dào) 自相矛盾(máo dùn)　刻舟求剑　画蛇添足 杞人忧天　井底之蛙　杯弓蛇影(jiàn)
	第七单元《语文园地》日积月累	**【日积月累】** 兵来将挡，水来土掩。(bīng jiàng) 不入虎穴，焉得虎子。(yān) 眼见为实，耳听为虚。 近朱者赤，近墨者黑。(chì)
四年级上册	第三单元《语文园地》词句段运用	**【词句段运用】** 说说下面的词语让你想到了哪些人物或故事。 腾云驾雾　上天入地　神机妙算　各显神通 三头六臂　神通广大　未卜先知(bǔ)　刀枪不入
	第六单元《语文园地》日积月累	**【日积月累】** 尺有所短，寸有所长。机不可失，时不再来。 差之毫厘(miù)，谬以千里。病从口入，祸从口出。(huò) 一言既出，驷马难追。(sì)　比上不足，比下有余。

（续表）

册次	板块	内容
四年级下册	第七单元《语文园地》日积月累	【词句段运用】 下面的成语都与古人读书求学的故事有关，选两三个，讲讲它们的故事和含义。 囊萤夜读　悬梁刺骨　凿壁偷光 铁杵成针　程门立雪　手不释卷
五年级上册	第二单元《语文园地》词句段运用	读一读，照样子把成语的意思用具体的情景表现出来。 左右为难 大家说秦王不过是想把和氏璧骗到手罢了，不能上他的当；可要是不答应，又怕他派兵来进攻。 奋不顾身 杨靖宇正在奋力还击敌人，右手腕忽然受了伤，他就用左手继续向敌人射击。不多时，他的腹部又中了一弹，鲜血直流。他咬紧牙关，猛然起身，连发两枪，击毙了两个日本鬼子。 喋喋不休 _____ 悠然自得 _____ _____
	第三单元《语文园地》词句段运用	【词句段运用】 读一读，体会左右两组词语在表达效果上的不同。 鼻子都气歪了　气急败坏 前怕狼后怕虎　畏首畏尾 盼星星盼月亮　望眼欲穿 打开天窗说亮话　直言不讳 吃水不忘挖井人　饮水思源
	第四单元《语文园地》词句段运用	【词句段运用】 下面每组词语的意思有什么相同和不同？选择其中一个词语写一段话。 举世闻名　兴高采烈　足智多谋　呕心沥血 臭名远扬　得意忘形　诡计多端　处心积虑
	第四单元《语文园地》日积月累	【日积月累】 太平盛世　国泰民安　丰衣足食　安居乐业 政通人和　人寿年丰　夜不闭户　路不拾遗 多事之秋　兵荒马乱　流离失所　生灵涂炭 家破人亡　哀鸿遍野　民不聊生　内忧外患

二、中年级《语文园地》成语教学共性分析

从小学语文统编教材《语文园地》板块成语教学内容呈现形式看,均为关于某一类成语的积累与运用。通过对成语的识记、理解与运用,达到"认识中华文化的丰厚博大,吸收民族文化智慧"的课程总目标。

成语可以从内容、形式、来源等多角度进行分类积累:从内容上,如含有动物的,含有数字的,含有身体器官的,等等;从形式上,有三字的、四字的、六字的、八字的等;从来源上,有来源于神话寓言的,来源于历史故事的,来源于古语成句的,等等。根据成语自身的这一特点,结合中年级学生的认知水平和学习方式,可以基本确定中年级《语文园地》中的成语教学的共性,以下从目标、方法、路径三方面进行共性分析(见图8-1)。

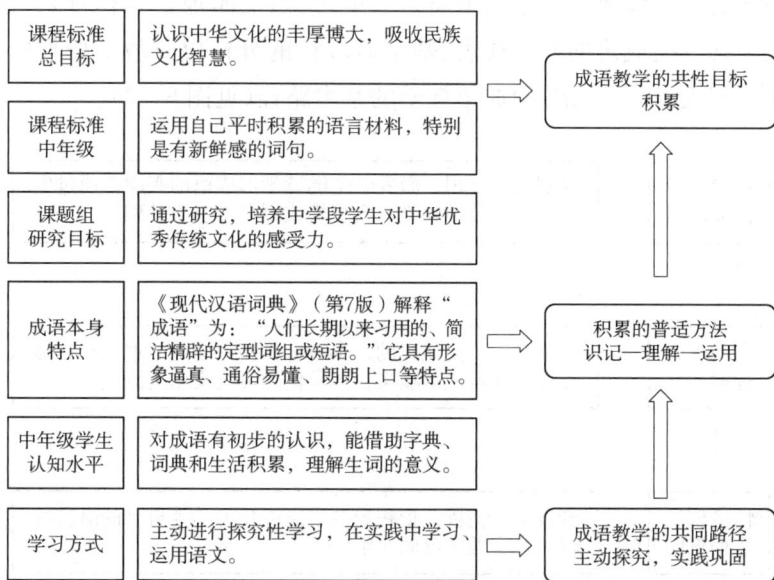

图8-1　小学语文统编教材中年级《语文园地》相关成语教学共性

三、中年级《语文园地》成语教学路径提炼

(一)教材分析

三年级下册第七单元《语文园地》的"日积月累"板块安排的是一组八字

成语,前后四字表达的意思相关联,一般连起来使用。学生平时积累的成语都是四字的,第一次接触到八字成语,具有一定的新鲜感。教材所选的八字成语通俗易懂,可以通过小组合作探究的方式理解成语的意思。

(二)教学框架设计

三年级下册第七单元《语文园地》"日积月累"板块的教学框架:

> 1. 引入新知,读准成语,激发学习成语的兴趣。
> 2. 小组合作探究,理解成语的本义和喻义。
> 3. 创设情景,尝试运用成语。
> 4. 搜集成语故事,讲给伙伴听。

(三)教学路径提炼

小学语文统编教材三年级下册第七单元《语文园地》"日积月累"板块是积累关于某一类成语的典型代表,基于对教材的分析以及教学框架的设计,提炼出中年级《语文园地》中成语教学的基本路径(见图8-2)。

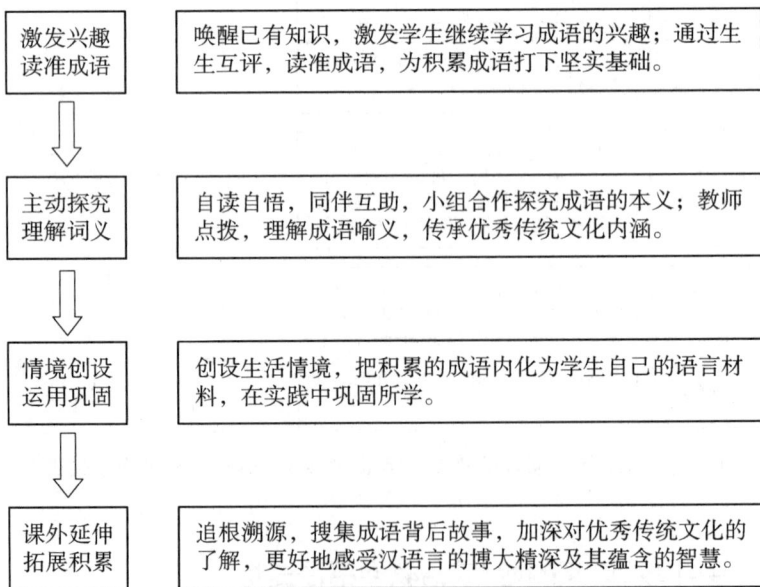

激发兴趣 读准成语	唤醒已有知识,激发学生继续学习成语的兴趣;通过生生互评,读准成语,为积累成语打下坚实基础。
主动探究 理解词义	自读自悟,同伴互助,小组合作探究成语的本义;教师点拨,理解成语喻义,传承优秀传统文化内涵。
情境创设 运用巩固	创设生活情境,把积累的成语内化为学生自己的语言材料,在实践中巩固所学。
课外延伸 拓展积累	追根溯源,搜集成语背后故事,加深对优秀传统文化的了解,更好地感受汉语言的博大精深及其蕴含的智慧。

图8-2 中年级《语文园地》成语教学路径提炼

1. 唤醒旧知，链接新知，激发积累兴趣

中年级的学生对成语已经有了初步的认识，在平时的课文学习中也能通过摘抄、整理等方法积累。《语文园地》集中教学成语时要充分调动学生的已有知识，并以此为起点，借助拼音正确朗读，用分类积累的方法，不断建构语言的"知识树"。成语作为汉语言文字的瑰宝，具有短小精悍、形象逼真、通俗易懂、朗朗上口的独特魅力，最能激发学生的学习兴趣，感受到中华文化的博大与精深。

2. 自主探究，解释词义，增强语言理解力

学生通过自读自悟，能解释一些较为浅显成语的意思；对于不理解的，可以通过小组合作学习，在小组交流中相互启发，共同探究成语的含义；对于一些理解上有难度的，可通过全班交流、教师的追问与点拨，理解成语更深层次的含义。课堂上师生交流过程中，重视分享学生的思维过程，使学生经历真实的学习体验，注重方法指导，增强学生对汉语言文字的理解能力。

3. 创设情境，运用巩固，提升语言实践力

"语文是最重要的交际工具，是人类文化的重要组成部分。工具性与人文性的统一，是语文课程的基本特点。"积累语言的目的就是要在实践之中运用。创设适切情境，鼓励学生在情境中恰当地运用成语，不仅能巩固所学的成语，考查其对成语的理解，而且也为更深层次的表达打基础。在语言实践中，学生能充分感受到运用成语让表达更简洁生动、文雅含蓄、耐人寻味。

4. 追根溯源，拓展延伸，传承民族智慧

成语具有其特有的习用性、历史性、民族性，它承载了中华民族千百年来浓缩了的历史文化。鼓励学生收集成语背后的故事，并和小伙伴们分享，既能更好地了解成语的含义、背景，也能在收集、阅读、讲述的过程中传承民族智慧。

上海市松江区民乐学校魏嘉玲　提炼路径并撰文

特殊课型教学案例

第九篇 习作教学案例

眼观文化，手写经典

——《中国的世界文化遗产》习作指导课教学案例

案例背景

中国的世界文化遗产是凝结着华夏祖先汗水和智慧的文明结晶，它们钩沉着泱泱古国的历史记忆，在历史沧桑中为中华民族留住文明根脉，是传承中华优秀传统文化的实物载体。完成本次习作不仅能促使学生了解中国的世界文化遗产，提升其搜集资料和整理资料的能力，同时也培养学生对中华文化的认同感，提升他们的审美情趣，激发其对中华优秀传统文化的自豪感。

案例描述

教学片段（一）

师：我们中国也有很多世界文化遗产，我们虽不能一一去亲自领略它们的风采，但我们可以一起来制作一份云游中国世界文化遗产的简报。让大家足不出户就能欣赏到那些凝结着华夏祖先汗水和智慧的文明结晶。请你想一想，制作这份简报，我们首先需要做些什么。

生：我觉得我们首先要知道中国有哪些世界文化遗产，这样才可以向别人介绍。

师：是的，只有了解了中国有哪些世界文化遗产，我们才可以向别人介绍。那我们就先来了解一下什么是世界文化遗产。请同学们自己读一读。

（出示资料：世界文化遗产是指被联合国教科文组织确认的在世界范围内都被认为具有突出和普遍价值的文物古迹，主要包括文物、建筑和遗址。人类工程和考古遗迹等。公布世界文化遗产名录的目的是保护人类共同的文化遗产。）

专家点评

习作教学特别强调功能性写作，就是要明确"写文章是为了什么"。其实，习作说到底就是为了表达。"为了什么而表达"就涉及功能性的问题。在这节习作指导课中，教师布置了完成本次习作的任务，即制作一份介绍中国世界文化遗产的简报。这一任务指向明确，也凸显了习作的功能，并与后续习作讲评课中学生呈现的关于福建土楼这一处中国世界文化遗产的简介相呼应。

通过任务驱动，激发学生介绍中国世界文化遗产的兴趣。在此过程中，学生了解的不仅仅是自己介绍的这一处中国世界文化遗产，还能够在其他伙伴的简报中了解更多的中国世界文化遗产。这样，学生对中国传统文化的感受力和自豪感就增强了。

教学片段（二）

师：截止到 2019 年 7 月，中国共有 37 处世界文化遗产。你知道哪些呢？

生1：我知道的世界文化遗产有长城、故宫和秦陵兵马俑。

生2：敦煌莫高窟和平遥古城也是世界文化遗产。

师：同学们知道的真不少。接下来，我们通过一段小视频来欣赏其中的一部分。（播放视频）

师：我们已经知道中国有哪些世界文化遗产，那你最想介绍哪一处呢？别忘了说说你的理由。

学生1：去年暑假我去长城游玩，被它磅礴的气势、宏伟的规模、艰巨的工程所震撼了。它是中华民族的骄傲,所以我最想介绍长城。我就搜集了一些关于长城的资料。

学生2:我最想介绍平遥古城,因为它是中国境内保存最为完整的一座古代县城,是我国明清社会发展的一个缩影。我搜集的资料就是关于平遥古城的。

专家点评

在本次习作指导课上,教师应用了一段介绍中国世界文化遗产的视频资料。这段小视频不仅仅简单地介绍了中国有哪些世界文化遗产,还很好地解决了"这篇文章写什么"的问题,即帮助学生明确了写作的选材范围。同时,通过欣赏视频,拉近了学生与中国的世界文化遗产之间的距离,给学生直观的感受,让学生在视觉的冲击中萌发对中国的世界文化遗产的兴趣,感受其独特魅力。除此之外,视频欣赏、同伴交流也开阔了学生的视野,丰富了学生的认知,让他们了解更多中国的世界文化遗产,可谓一举多得。

教学片段(三)

师:大家想介绍的中国世界文化遗产可真不少。要清楚地介绍一处中国的世界文化遗产,我们应该先去搜集相关的资料。课前你们已经搜集了资料,我们来交流交流。

生1:我先来交流吧,我搜集的是关于长城的资料:长城东起河北的山海关,西到甘肃的嘉峪关。总长有2.1万千米。秦灭六国统一天下后,秦始皇连接和修缮战国长城,始有万里长城之称。明朝是最后一个大修长城的朝代。长城并不只是一道单独的城墙,而是由城墙、敌楼、关城、镇城烽火台等多种防御工事所组成的一个完整的防御工程体系。(教师将生1提交的资料以PPT呈现出来,如图9-1所示)

师:来,评价一下,你觉得他搜集的资料怎么样?

图9-1　生1提交的资料

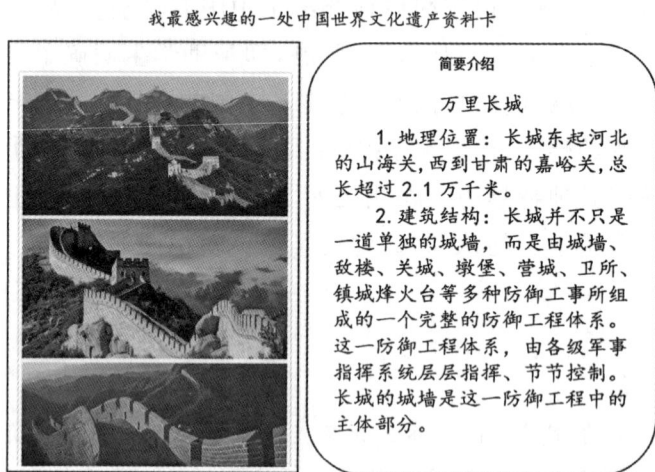

图9-2　生2提交的资料

生2：我觉得他搜集的资料有些凌乱，条理不清晰。我也搜集了关于长城的资料，我搜集的时候是从两个方面来搜集的，如图9-2所示。

师：哦！你是分门别类搜集资料的，我们一起来看一看。他是从哪几个方面来搜集材料的呀？

生3：他是从地理位置和建筑结构这两个方面来搜集长城的资料的。我认为这样搜集资料很有条理。

师：嗯，分门别类搜集材料让我们看得更清楚。其他同学有没有介绍长城的，你又是从哪些方面来介绍的，来补充补充。

生4：我还搜集了长城的历史背景，这样就知道长城历朝历代的建造情况了。

生5：长城有着磅礴的气势、宏伟的规模，它是中华民族的骄傲。我们还应该介绍它的历史价值。

生6：我们还可以搜集和长城有关的故事资料，比如烽火戏诸侯、孟姜女哭长城等。

师：大家发现了吗，在搜集完资料后，我们要作整理。正如刚才几位同学说的那样，我们可以先介绍世界文化遗产的概况，包括地理位置和历史背景，还可以介绍文化遗产的意义和价值，最关键的是要介绍它的主要特点。

师：如果按照这样的要求来记录搜集的资料就显得很有条理，让人读起来清晰明了。来，请你根据板书提示（见图9-3）把搜集到的资料重新整理一下。

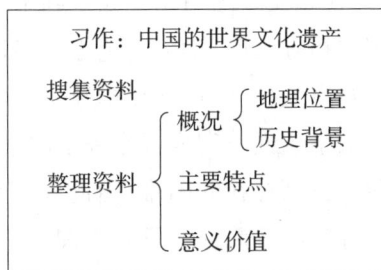

图9-3 教师的板书提示

专家点评

维果茨基的最近发展区理论认为学生的学习状态有两种：一种是目前已经达到的水平，另一种是潜在的、可能达到的水平。这两种学习水平之间的距离，就是最近发展区。为了使学生得到新的发展就需要教师设计一些合适的支架来支撑学生的学习。在习作教学中，习作的支架是指根据习作要求和学生已有习作水平来设计的，以帮助学生达到习作目标的各种教学知识。本课的教学，教师设计了丰富的习作支架。具体来说，教师课前布置的资料记录卡是一个很好的支架，完成资料记录卡就是学生对中国的世界文化遗产的一个初步感知。课堂中，学生在原有支架的基础上对长城的地理位置、历史背景、建筑结构、历史价值等进一步补充，完善这一支架；除此之外，介绍中国的世界文化遗产的小视频也是很好的支架，帮助学生明确了写作的范围；板书的设计也是不可忽视的支架，可以指导学生一步一步完成习作，同时也提醒学生可以从哪些方面来介绍自己感兴趣的中国的世界文化遗产；再如教师要求学生列习作提纲，提纲这个支架架构了习作整体布局；最后，在撰写习作前教师还给学生作了一些必要的提醒。以上这些都是学生完成本次习作必要的支架,循序渐进地指导学生"写什么"和"怎么写",有很好的借鉴作用。

📊 案例反思

(一)了解学情,精准指导的前提

众所周知,学情是选择教学策略和设计教学活动的落脚点。无论教师教授什么内容首先考虑的都应该是学情。对学生来说,撰写《中国的世界文化遗产》这篇习作的难点到底是什么?是选材的范围、谋篇布局、资料的转述,还是文段的引用?如果到了习作讲评环节才揭示,就显得为时已晚。在习作指导之前、学生动笔之初,教师就应该清晰地掌握学生在写这篇习作时的难点是什么,这样在指导时就可以更有针对性。可以通过不同层次的、个别的学生提前完成习作来了解学情,及时发现学生在资料的整理、转述和引用等方面存在的困难,由此在习作指导课上作重点指导。了解学情是精准指导的必要前提。只有掌握了学情才可以"以学定教",让指导更有效。

(二)案例铺垫,资料转述的支架

在评改学生习作时,发现部分学生还没有完全掌握如何转述资料的方法。学生不懂得在转述时删繁就简,突出主要信息,机械地照抄照搬查阅到的资料。自然也不会用自己的话来转述整理的资料。反思本次习作指导课,如果在教学中能呈现一个怎么把网上的资料转述为自己的语言的案例,再让学生对照着用自己的话来说一说,学生会因直观的感受以及有针对性的参考,达到事半功倍的效果。这一环节,还须引导学生明白搜集到的资源很重要,但不能全盘照抄,而要对其进行改造,即用自己的话来转述。如此,以一个案例作铺垫,为学生转述资料搭建支架,有助于学生化解难点,更好地完成习作。

(三)标明来源,资料利用的关键

习作时,根据实际需要,采用"它山之石,可以攻玉"的方法也能增光添彩。但本次习作中学生还未完全掌握引用资料的方法。教学中虽然指导学生如有大段引用的文字,须标明来源出处。但从学生习作来看,还不尽如人意。因此,教师在指导时还可以呈现更多的方法。例如,介绍长城的文字资料,可以指导学生用如下两种方法来引用资料。

方法一：在"世界遗产委员会这样评价万里长城"后面加上冒号，接着引用整段文字。

世界遗产委员会这样评价万里长城：公元前约 220 年，秦始皇下令将早期修建的一些分散的防御工事连接成一个完整的防御系统，用以抵抗来自北方的侵略。长城的修建一直持续到明代（1368 至 1644 年），终于建成为世界上最大的军事设施。长城在建筑学上的价值，足以与其在历史和战略上的重要性相媲美。

方法二：用括号在文段的后面写一写这段文字的来源。

公元前约 220 年，秦始皇下令将早期修建的一些分散的防御工事连接成一个完整的防御系统，用以抵抗来自北方的侵略。长城的修建一直持续到明代（1368 至 1644 年），终于建成为世界上最大的军事设施。长城在建筑学上的价值，足以与其在历史和战略上的重要性相媲美。（摘自世界遗产委员会评价）

如此"授之以渔"，学生可清晰地掌握引用资料的方法，让"它山之石，可以攻玉"。

上海市松江区民乐学校白春伟　执教并撰写

上海市静安区教育学院小学语文研训员、特级教师李伟忠　点评

让文化传承内化于心、外化于文

——《中国的世界文化遗产》习作讲评课教学案例

案例背景

习作教学是语文教学的半壁江山，也是一场艰苦卓绝的攻坚战，尤其值

得捍卫和坚守。在小学语文统编教材中，习作《中国的世界文化遗产》是宣传中国优秀历史文化的绝佳载体。课题组认为可以利用本次习作的特殊主题，在习作的修改与赏评中体会中国的世界文化遗产的魅力，将中华优秀传统文化内化于心、外化于文，增强民族自豪感。

《义务教育语文课程标准（2011年版）》第三学段关于习作内容和目标中要求"修改自己的习作，并主动与他人交换修改"。习作讲评课可以成为学生习作的一面镜子，看到习作的优劣得失，同时它也可以是一盏明灯，精准、得当地指导学生修改习作。学生在这个过程中参悟和掌握一定的写作知识和写作技能，提高写作能力。在本节习作的讲评过程中，以学生习作的实际问题为核心，通过分享感受、沟通见解，引导学生学会修改习作的方法，体验写作情趣。

案例描述

教学片段（一）

师：我们来看一下这几位同学的习作，他们介绍得特别清楚，而且各具特色。（出示：习作《故宫》，如图9-4所示）你发现这篇习作有什么特点吗？

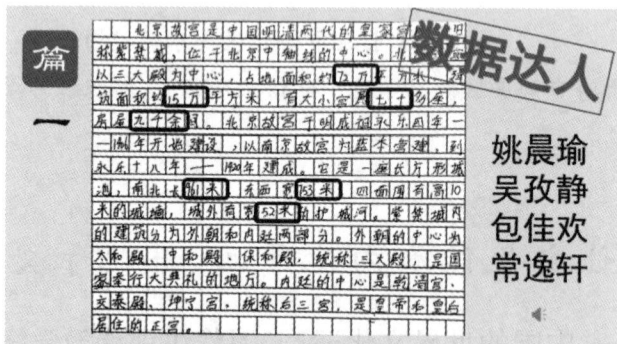

图9-4

生：我发现这里引用了很多具体的数据，像"占地面积约72万平方米，建筑面积约5万平方米，有大小宫殿70多座，房屋9000余间"，运用了列数字的说明方法写出了故宫的雄伟。

师：这位同学在介绍故宫的时候运用了许多数字，堪称"数据达人"，和他一样出色的还有姚晨瑜、吴孜静、包佳欢、常逸轩，让我们送给他们掌声。

师：这一篇呢？谁发现它哪一点做得特别好？（出示：习作《西湖》，如图9-5所示）

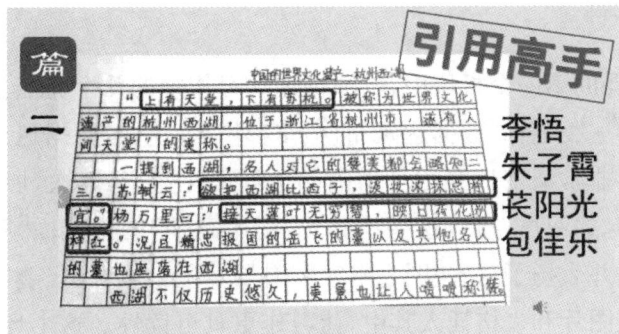

图9-5

生：我发现这篇习作中引用了谚语"上有天堂，下有苏杭"，还有诗句"欲把西湖比西子，淡妆浓抹总相宜""接天莲叶无穷碧，映日荷花别样红"。

师：是的，你真有一双慧眼，善于引用名言、谚语和诗句的还有李悟、朱子霄、芪阳光、包佳乐，让我们一起为这些"引用高手"鼓掌。

师：我们再来看一篇《秦陵兵马俑》（出示：习作《秦陵兵马俑》，如图9-6所示），这篇的特点更加明显，你发现了吗？

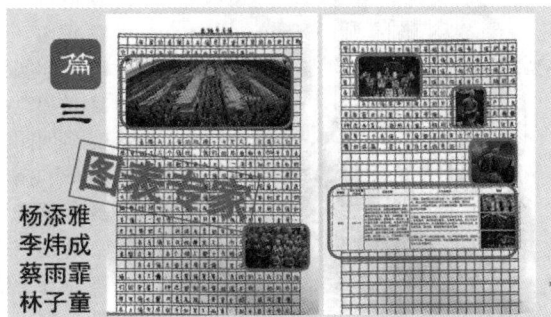

图9-6

生：她的习作中插入了很多照片，让我们更加直观地了解秦陵兵马俑。

师：对呀！她将图片和表格插入到了习作中，借鉴了《金字塔》的写法，将秦陵兵马俑的特点介绍得更加清楚了。和她一样使用了图表的还有杨添雅、李炜成、蔡雨霏、林子童，我们把掌声送给这些"图表专家"。

专家点评

在讲评课的第一个板块中，教师将这次习作中的几个亮点呈现了出来。首先，呈现第一类堪称"数据达人"的小作者作品，这些"数据达人"采用了列数字的方法，非常清楚地介绍了中国的世界文化遗产；其次，展示能恰当引用相关古诗句的习作，冠以这些小作者"引用高手"的称号；然后，出示插入图表的习作，并表扬了这些"图表专家"，引导学生学习课文《金字塔》的介绍形式，把一些图片和表格插入其中，让习作更具可读性。这个环节既是对恰当使用说明方法的肯定，又是对学生的激励，他们在这个过程中一直充满期待，期待出现自己的名字，期待老师会送上哪些称号，提升了习作的兴趣。

教学片段（二）

师：本次习作老师一共收到了52篇（出示：选材分布饼图，如图9-7所

中国的世界文化遗产

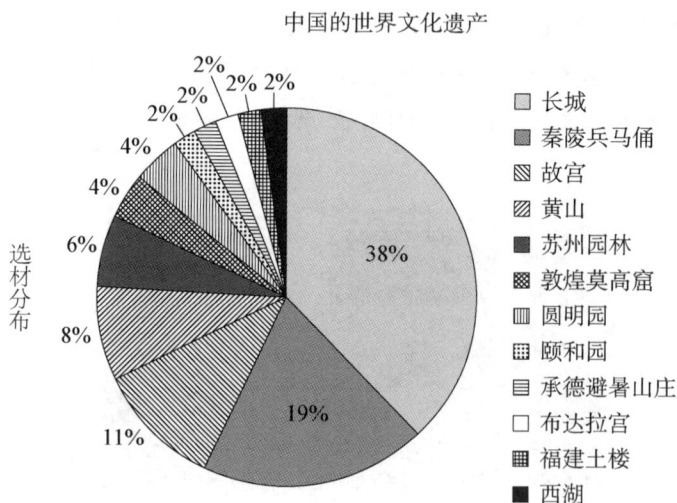

图9-7

示），其中 20 篇介绍了长城，10 篇介绍秦陵兵马俑，6 篇介绍故宫，4 篇介绍黄山，3 篇介绍苏州园林，2 篇介绍敦煌莫高窟，2 篇介绍圆明园，介绍颐和园、承德避暑山庄、布达拉宫、福建土楼、西湖各 1 篇。恭喜大家，大多数同学的选材都没有问题，包含在中国的世界文化遗产名录上。但是有一处并不在内，你发现了吗？

生：我发现了，圆明园不是世界文化遗产。

师：对了，圆明园虽然是我国著名的文化遗迹，但并没有被收入到世界文化遗产名录上，很遗憾，这两位同学要重新思考一下自己的选材。同学们在选择材料的时候一定要做到正确，千万不要选错哦。（板书：选材正确）

专家点评

教学中，教师呈现了本次习作的选材分布饼图。学生通过统计图能大概了解习作选材的整体情况，其实还可以更进一步，在这个版块的后面加上每种选材的习作等第。通过这样的统计，学生就对自己的习作有更加清楚的认识，在修改习作时也更有针对性。这个饼图一般在第一板块呈现，但魏老师设计在第二板块呈现有自己的用意，特别强调了两个同学的选材偏差问题，介绍对象是"中国的世界文化遗产"，有的地方同学们对它很熟悉，也很感兴趣，但是它不是世界文化遗产，就不能作为本次习作的对象。

教学片段（三）

师：在本次习作中，写得最多的就是长城，下面我们就来看一篇写长城的习作。（出示习作《万里长城》，如图 9-8 所示）

师：读了这篇习作，你觉得它哪里写得特别好，哪里还要改进，谁来说说看？

生：这篇习作开头写得挺好的，中间写出了长城的修建历史、主要分布以及建筑构成特点，但这几个方面的内容好像都各自独立，没有承接，也没有过渡。

师：是啊！这篇习作写出了长城的一些特点，但是段与段之间缺少必要的过渡语,还有一个问题,就是我们在指导课中也提到的一点,谁还记得?

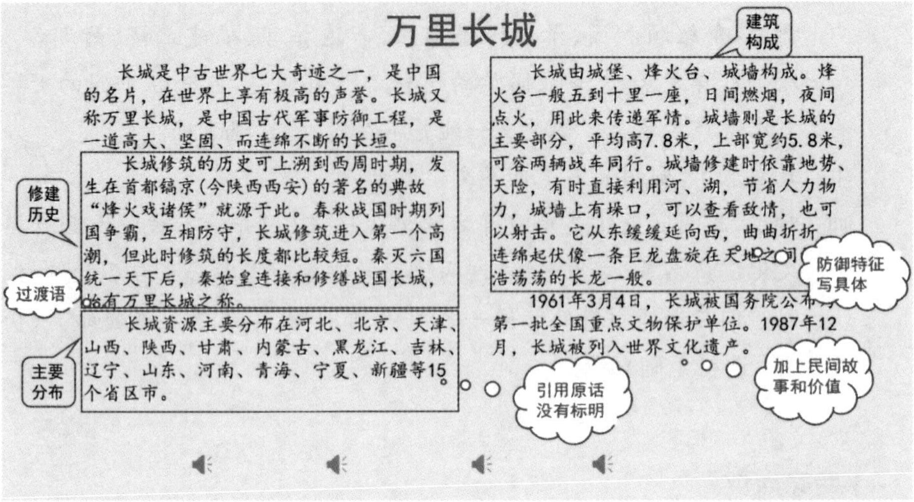

万里长城

建筑构成

长城是中古世界七大奇迹之一,是中国的名片,在世界上享有极高的声誉。长城又称万里长城,是中国古代军事防御工程,是一道高大、坚固、而连绵不断的长垣。

修建历史

长城修筑的历史可上溯到西周时期,发生在首都镐京(今陕西西安)的著名的典故"烽火戏诸侯"就源于此。春秋战国时期列国争霸,互相防守,长城修筑进入第一个高潮,但此时修筑的长度都比较短。秦灭六国统一天下后,秦始皇连接和修缮战国长城,始有万里长城之称。

过渡语

长城由城堡、烽火台、城墙构成。烽火台一般五到十里一座,日间燃烟,夜间点火,用此来传递军情。城墙则是长城的主要部分,平均高7.8米,上部宽约5.8米,可容两辆战车同行。城墙修建时依靠地势、天险,有时直接利用河、湖,节省人力物力,城墙上有垛口,可以查看敌情,也可以射击。它从东缓缓延向西,曲曲折折连接起伏像一条巨龙盘旋在天地之间,浩浩荡荡的长龙一般。

防御特征写具体

主要分布

长城资源主要分布在河北、北京、天津、山西、陕西、甘肃、内蒙古、黑龙江、吉林、辽宁、山东、河南、青海、宁夏、新疆等15个省区市。

1961年3月4日,长城被国务院公布为第一批全国重点文物保护单位。1987年12月,长城被列入世界文化遗产。

引用原话没有标明

加上民间故事和价值

图 9-8

生:这篇习作中有很多都是资料里的原话,他既没有标注出从哪里引用的,也没有把资料里的内容变成自己的语言,写得不够具体生动,有的地方也不是很好懂。

师:那谁说说这篇习作要怎么修改?

生:我认为可以将修建历史和分布合在一起,简单介绍长城的大概信息,然后将建筑的特征写得再具体些,更加凸显长城的文化价值。

生:要把文中资料的原话变成自己的语言来写,后面还可以加上一些民间故事,像"孟姜女哭长城",结尾要是能点出它的价值就更好了。

师:请同学们根据刚才的建议,在小组内合作修改这篇习作。

(小组内合作修改习作)

师:哪个小组完成了?说说是怎么修改的。

生1:第一自然段中,我将"长垣"改成了"连绵不断的墙",更加通俗易懂,把原来结尾的句子移到了开头,并且增加了"第一批",更加突显长城的文化价值。

生2:我觉得原来长城的分布就是堆砌了很多地名,我把这里改为了具体的起点和终点,修改成了"东起河北山海关,西至甘肃嘉峪关,从东向西行经 10 个省区市",并且增加了过渡句："在遥远的两千多年以前,这样巨大的工程是如何建造出来的呢?"由此,文章自然过渡到长城建造的历史。还有这个地方,加上了数字来说明了长城的长度,这里还引用了唐朝诗人汪遵的诗,赞美了长城的坚固。

生3:第三自然段我加入了概括句"长城是抵御敌人的利器,所以它有着独特的结构",用先概括后具体的写法使这个自然段更加清楚。后面详写墙身的部分我没有使用资料中的原文,而是把我找到的关于长城的资料反复读了读,理解之后从城墙、关城、烽燧三方面,用自己的话写了出来。

生4:结尾部分我补充了关于长城的民间传说"孟姜女哭长城""击石燕鸣""山羊驮砖",这样能引起读者兴趣,也更突显长城的文化特征。

师:经过同学们同推敲共斟酌,这篇习作焕然一新了,其他同学在修改自己的习作时也要注意段与段之间的过渡要合理,用自己的语言写下来,如果有引用请标明出处。

专家点评

魏老师和同学们共同对一篇问题习作细致地剖析,这个是很有必要的。从学生的角度来讲,无论是撰写习作,还是修改习作,指向的都是一篇具体的习作。把一篇习作拿出来细细解读哪些地方是好的,哪些地方还有不足,怎么去改就把它就变成了一篇非常不错的习作,这对学生具有可持续的启发作用。

当然,《万里长城》这篇习作的选择是很有讲究的。我们可以集合班级习作中的突出问题,进行技巧性的处理,然后一步步修改,最后大家再来读读看。在这个过程当中,学生了解了如何对习作进行优化,为学生后续对习作进行进一步修改,指明了方向。

教学片段(四)

师:请同学们欣赏一下我们班的两位同学利用修改好的习作制作的小

报。(出示小报,如图9-9、图9-10所示)在这个新冠疫情的特殊时期,同学们也可以像他们一样,尝试着做小报,让我们通过这种形式来"云游中国",让全世界都更加了解我们中国悠久的历史和灿烂的文化。本节课的作业是尝试将修改好的习作制作成中国的世界文化遗产系列小报。

图9-9

图9-10

专家点评

任何习作都有一定的目的——为了学习更好的表达，但这节课从另一个角度给出了一个更好的范例。本次习作特别强调它的功能性，写作目的非常明确，宣传中国的世界文化遗产。白老师在指导这次习作的时候，就布置了这次习作最终要完成的任务，制作"中国的世界文化遗产"的简报；在魏老师讲评课的最后，呈现了王建青、陈一萌同学关于布达拉宫、福建土楼的简报，并以作业的形式达成了这目标，两者前后呼应。学生在完成习作的过程中，不断地感受中华民族悠久的历史和灿烂的文化，激发对祖国的世界文化遗产的热爱，增强民族自豪感。

案例反思

（一）明优势，提升习作兴趣

叶圣陶先生说过："批改不是挑剔，要多鼓励，多指出优点。"为了消减学生对于习作的畏难情绪，因此在习作讲评课的设计中，充分发挥激励的作用，让学生体会成功与快乐，激发学生习作的兴趣，进而享受习作成功的快乐。[①]

在上课伊始，结合本次习作的要求，寻找学生习作闪光点，出示有特点的习作，感受中国的世界文化遗产各具特色的同时，鼓励同学运用常见的说明方法（列数字、做引用、列图表），并给小作者冠以"数字达人""引用高手""图表专家"的称号，对独到之处大力表扬，以激发学生习作的兴趣。这样的激励既注重写作知识的掌握、写作方法的指导，更强调情感体验，使讲评过程成为学生充满期待并逐渐树立习作自信的过程。

（二）知不足，少走选材弯路

选材是习作中的首要一环，如果此环节出现了失误，满盘皆输。本节课通过出示习作选材的饼图，一方面展示了同学感兴趣的中国的世界文化遗产，另一方面发现习作中选材的问题，有两位同学的介绍对象不在中国的世界文化遗产名录之内，提醒学生不能以主观印象去选材，一定要做到正确。

---

① 敬守国. 培养学生快乐习作的兴趣[J]. 小作家选刊,2017(28)：125—125.

后续的教学中,如能在学生撰写提纲时就进行一轮指导和筛选,相信能杜绝此类问题的出现。

(三) 共推敲,经历修改过程

共同修改问题习作《万里长城》,调动了学生的主动性和创造性,依靠集体的智慧,共同讨论修改,展示师生共同修改的具体过程,学生习得"合理过渡,突出重点,补充材料"的方法。"将材料中的语言转换成自己的语言"是本次习作的重点和难点所在。想要做到这一点,就需要同学真正读懂搜集的材料内容,对其进行概括和整理,按照自己的理解写下来,这个过程就是了解、感受中华优秀传统文化,并将其内化于心、外化于文的过程。这个修改过程,为后续学生选择自己喜欢的方式进行修改做出范例,指明方向。学生在自主修改和互改的过程中,了解其他同学笔下的《中国的世界文化遗产》,逐步养成修改的习惯,提升习作水平。

(四) 重功能,弘扬祖国文化

本次习作有其特殊的功能性:宣传中国的世界文化遗产,弘扬祖国文化。在讲评课的最后,展示《布达拉宫》和《福建土楼》小报,布置作业以完成活动任务,将课内的习作延伸到更广阔的课外生活之中。小报完成后,可以选择优秀的小报展示在教室、走廊,这不仅是对制作小报同学的鼓励,还能让更多同学感受到中国世界文化遗产的魅力,激发宣传世界文化遗产的热情,增强民族自信心。

上海市松江区民乐学校魏嘉玲　执教并撰文
上海市静安区教育学院小学语文研训员、特级教师李伟忠　点评

第十篇　口语交际教学案例

讲故事，练能力，悟品质

——《口语交际：讲民间故事》教学案例

案例背景

《义务教育语文课程标准（2011年版）》明确指出："口语交际能力是现代公民的必备能力。应培养学生倾听、表达和应对的能力，使学生具有文明和谐地进行人际交流的素养。"小学语文统编教材每一册都安排了四次口语交际，充分彰显其重要性。在众多的口语交际话题中，有两个话题与传统文化息息相关，即四年级上册的《讲历史人物故事》和五年级上册的《讲民间故事》。课题组认为可以利用口语交际这一特殊课型，在语言实践中传承中华优秀传统文化。

《讲民间故事》这节口语交际课的教学目标如下：一是讲故事的时候，可以丰富故事的细节；二是讲故事的时候，可以配上相应的动作和表情。除了落实以上两个指向语文要素的目标，还应关注中华优秀传统文化的传承与弘扬，因此本课还旨在让学生在充分交流中了解民间故事的特点，感受民间故事中人物的美好品质，从而激发学生对民间故事的兴趣，传承中华优秀传统文化。在内容层面上，整堂课的教学就是一种文化的传承；从组织形式上看，小组合作是引导学生理解和传承传统文化的有效途径。

案例描述

教学片段(一)

师：要想把故事讲得生动、有吸引力，我们先来看一看书上的要求。谁来读一读？

> 要想把故事讲得生动、有吸引力，你可以试试下面的方法。
> ◇ 丰富故事的细节。适当添加人物对话，如，织女和牛郎第一次见面时会说些什么；细致描绘人物形象，如，织女穿的纱衣是什么样的。
> ◇ 配上相应的动作和表情，让听众有身临其境的感觉，如，表演织女被王母娘娘带走时的情形。

师：来说说看，有什么好办法能把故事讲得生动、有吸引力呀？

生1：我们可以丰富故事的细节，可以适当添加人物的对话，比如，织女和牛郎第一次见面时，可以想象他们说了什么？（板书：添加人物对话）

生2：我们还可以细致描绘人物形象，如，织女穿的纱衣是什么样子，可以发挥想象，描述清楚。（板书：细致描绘人物形象）

师：是啊！添加人物对话，描绘人物形象，这都是在丰富故事的细节。还有其他好方法吗？（板书：丰富故事的细节）

生3：我们还可以在合适的地方配上相应的动作和表情，这样就能让听众有身临其境的感觉了。（板书：配上相应的动作和表情）

生4：我同意她的观点，讲述故事时配上动作和表情，做到手舞足蹈、声情并茂，能把故事讲得更动听。

师：同学们都说得都很好，希望大家等会儿讲故事的时候也能注意这些方面，争取把故事讲得更吸引人。

专家点评

本单元的课文都与民间故事有关，单元语文要素是"了解课文，创造性地复述故事"。在三篇课文之后，出现"口语交际：讲民间故事"这一板块。

就这一主题而言,学生突出要交流的是——围绕主题,如何来讲民间故事。课上,教师引导学生梳理出要点,比如:要适当丰富故事的细节;配上相应的动作和表情。这样就能把故事讲得更加生动形象。教师在板书时也重点凸显了这几条目标,这非常有必要,教学过程中,这个板块若能更加凸显,让学生充分经历讲故事的过程,那就更能突出这节课的重点了。

教学片段(二)

师:同学们先在小组内讲一讲《田螺姑娘》这个民间故事,看看是否做到丰富故事的细节,并配上相应的动作和表情。

(学生在组长的组织下,在组内讲故事。)

师:刚才大家在组内讲故事,讲得很热烈,现在请小组到讲台前给大家讲讲故事,大家要认真倾听,争做最佳听众。(出示"最佳听众"标准)

争当最佳听众:

1. 有礼貌认真倾听。
2. 边听边思考他(她)讲得是否生动、有吸引力。
3. 听完后,给出准确合理的评价建议。

师:最佳听众有三个要求,谁来说一说?

生:首先应认真倾听,听的时候还要思考他们讲得是否生动、有吸引力。听完后,还要给出准确合理的评价建议。

师:嗯,是的。在小伙伴讲故事的过程中,我们要做好"倾听—思考—评价",现在让我们一起来听故事吧!你们组手都举起来了,就请你们来讲一讲。

生:大家好,我们组讲的故事是《田螺姑娘》。从前,有个年轻人……

专家点评

口语交际应重点培养学生倾听的习惯。《义务教育语文课程标准(2011年版)》对口语交际提出的要求首先是认真听,其次是耐心听。到了高年级,很多学生更善于表达自己的感受和看法,不会耐心倾听,而今天的课堂上,教师充分关注了对学生倾听习惯的培养。

课上,教师通过"评出最佳听众"的方式培养学生认真倾听的习惯,并能在听的过程当中,引导学生梳理评价,促进学生思维发展。如果教师每节课都专注这些方面的引导,学生肯定越来越会倾听。学会倾听是一件不容易的事,现在的学生处在一个浮躁的社会,很难做到认真倾听。耐心倾听在这节课上面体现得很明显,这是一种优秀的中华美德。别人说话,认真倾听,两只眼睛看着对方,这样眼神之间彼此有交流,形成交互,从而培养倾听的习惯。

口语交际更多的应该是让学生反复听、反复说、反复互动。课上,教师通过"小组讨论"和"讲故事"的方式给学生提供了大量的实践机会,这个过程中,教师起到的是穿针引线的作用。不管学生说得对还是错,首先应鼓励学生大胆、勇敢地说,然后再慢慢引导学生提高说的质量、说的品位。

教学片段(三)

师:看一看《田螺姑娘》的这个片段,四人一组讨论,看看可以在哪儿丰富故事的细节? 在哪里配上相应的动作和表情?

生:小组讨论。

小组讨论(4人一组,5分钟)

1. 自由阅读范文,思考如何讲述故事。

2. 小组合作讨论:如何丰富故事的细节? 在哪儿配上相应的动作和表情?

3. 小组内其他同学认真倾听。听完后,可以提出自己的看法和建议。

(师巡视,发现典型。)

师:我们来交流,哪个小组来分享你们的交流成果?

生:在第二自然段可以丰富故事的细节。可以想象年轻人捡到田螺后会说些什么,比如:他小心翼翼地捡起来,情不自禁地赞叹道:"哇!好大的田螺啊,真是难得一见,我得把它好好养起来。"

生：在第五自然段，可以演一演年轻人的动作，还可以想象田螺姑娘的
　　　外貌。

师：那请你来演一演这个动作，并说一说田螺姑娘的外貌。

生：……

专家点评

口语交际的教学，离不开教师的指导，且教师的指导要到位。这节课要学习的内容是怎样丰富故事的细节，并配上相应的动作。学生小组合作讲述一个故事，不同的学生分到的故事内容不尽相同，有些部分适合创造性复述，但有些地方却不合适，若用统一的标准去评价学生，是不公平的。教师在教学时可以选择《田螺姑娘》中的一个片段，打印出来，引导学生小组讨论：在哪些地方可以增加人物的对话，描绘人物的形象，从而做到锦上添花、手舞足蹈，把故事讲得更加生动形象。交流完后，让学生讲一讲故事，然后其他同学再评一评，这样就凸显了本课的目标，学生在课堂上就会有所收获。在教学中，教师还可以巧妙添加一些沟通的障碍，激发学生思维的火花！

案例反思

《口语交际：讲民间故事》一课既蕴含着丰富的传统文化内涵，又注重锻炼学生的倾听与表达能力。教学中，既要落实口语交际的目标，又要传承中华优秀传统文化，两者相辅相成，密不可分。

（一）紧扣重点，彰显文化目标

课堂教学要优质高效，紧扣教学目标是十分重要的。本课的教学目标确定如下：①能在讲故事时适当丰富故事里的细节；②能配上相应的动作和表情讲故事；③了解民间故事的特点，感受故事中人物的美好品质。《义务教育语文课程标准（2011年版）》在第三学段"口语交际"阶段目标中标注了6条：①与人交流能尊重和理解对方；②乐于参与讨论，敢于发表自己的意见；③听人说话认真、耐心，能抓住要点，并能简要转述；④表达有条理，语气、语调适当；⑤能根据对象和场合，稍做准备，作简单的发言；⑥注意语言美，抵

制不文明的语言。基于此,本课在达成课时目标的同时,应注重引导学生大胆表达,认真倾听。

口语交际重在训练学生的口头表达能力,但本课内容比较特殊,还应兼顾文化传承的功能,因此,课堂上文化目标的彰显也是我们应当要关注的一个点,须探索行之有效的方法。实践中,可以先以书为本,再延伸至课外,例如,猎人海力布具有舍己救人的美好品质,牛郎织女身上具有勇于冲破封建束缚,大胆追求爱情的品质。有书本知识为基础,当学生讲述自己搜集的故事时,就能举一反三,总结出更多人物的品质特点。还可以组织讨论故事中哪个人物给自己留下了深刻的印象,这样学生可以结合具体事例说一说原因,交流人物的品质特点。

当然,文化目标应无痕地融合在教学环节中,不能单独割裂出来。教学中应时刻紧扣重点,牢固树立目标意识,多渠道、多路径自然彰显中华优秀传统文化。

(二)讲评并重,锻炼讲述能力

口语交际是听与说双方的互动过程。教学活动主要应在具体的交际情境中进行,不宜采用大量讲授口语交际原则、要领的方式。教师应努力选择贴近学生生活的话题,采用灵活的形式组织教学。[①] 因此,教学中应注重"创设情境",努力组织学生多边互动,这样学生就可以在课堂上进行充分的语言实践,锻炼口语交际的能力。

本课教学中,学生在交流中互相评价,共同进步;在评价的过程中,自己总结方法,激发交际热情;在小组合作中,完善自己的发言,促进了能力的提升。整节课,学生是在"讲故事—交流—再讲故事"的过程中完成的,充分感受到发现的乐趣和实践的快乐。教学中,教师的引导、学生的讲述、同伴的评价贯穿始终,提升交际能力于无痕。讲评并重,这是促进能力提升的关键所在,也是不断优化讲述内容的有效方法。

(三)追根溯源,传承经典文化

民间故事作为一种口头文学,它的核心价值在于通过故事内容来传达人们的价值观、人生观以及审美观。本课教学中的传达,不是说教式的,而

---

① 杨毕黔.学会坦诚自然地表述[J].阅读与鉴赏(上旬刊),2011(2):61—62.

是借助"讲—听"的方式来实现的。① 在反复讲述中完成民间故事的传承，感受故事中人物的美好品质，两者相辅相成，不可分割。因此讲述故事是传承民间故事的经典路径。民间故事是依靠"讲述者"而活着的，"讲述者"的继承和创新是民间故事的存在方式。课堂上，学生是民间故事的"讲述者"，他们以自己的智慧创造来发展故事内容。

在创造性讲述故事时，教师可补充相关知识，引导学生追寻民间故事的源头，发现民间故事在人们口耳相传过程中发生的嬗变。如《牛郎织女》这一故事，最早在先秦时期，"牛郎""织女"只是天河旁边的两颗星宿，彼此没有关系；到东汉时期，添加了爱情因素，提到了七夕鹊桥相会；唐朝出现了大量涉及"牵牛织女"爱情主题的诗歌；及至近代，《牛郎织女》的故事家喻户晓；随着科技的发展，人们通过戏曲、电影、电视剧等多种方式讲述故事，使故事内容日益丰满。

随着社会的进步和价值观念的变化，民间故事不断被讲述者进行丰富和再创造，这就是文化传承与发展的过程。了解民间故事的演变过程，可以进一步帮助学生创造性地讲述故事，从而传承和弘扬中华优秀传统文化。

　　　　　　　　　　　上海市松江区民乐学校王言　执教并撰写
　　　　　　上海市青浦区东门小学校长、特级教师徐玉兰　点评

---

① 于强.传承视角下民间故事教学的思考与实践——以《牛郎织女》为例[J].中小学老师培训，
　2015(5)：55—58.

后　记

在中华优秀传统文化的濡染中成长

2017年秋，上海市开始有计划地推行并使用统编教材。初遇统编教材，其中丰富的优秀传统文化资源深深地吸引了我，同时也引发了我的思考：如何依托统编教材中丰富的传统文化资源，立足课堂，立德树人，传承中华优秀传统文化？

2018年，我有幸通过遴选成为上海市第四期"普教系统名校长名师培养工程"攻关计划主持人，在市、区两级主管部门的规划指引下，成立基地，并确定了基地实验学校——松江区泗泾小学。我和基地成员一起研讨，确定了研究课题《小学语文统编教材传统文化资源的分析与应用研究》，并成功申报为上海市名师名校长课题。三年来，经过专家的精准指导、课题组成员的细致研磨，课题研究进展顺利，成果颇丰。

回顾与中华优秀传统文化相遇相识、相知相伴、相依相随的历程，我们攻关计划成员、基地实验校的教师对统编教材中传统文化的认识在逐渐加深，对传统文化资源的教学研究不断深入，从最初的"眉毛胡子一把抓"，到研究后期架构了条理清晰的整体框架，明晰了每一个资源的文化要素及其"情感态度价值观"目标，积累了丰富的实践案例，提炼了相应的教学路径……一路走来，得益于专家一次次有针对性的指导，离不开伙伴一轮轮渐进式的研讨，也离不开实验学校的鼎力支持与充分实践。

在研究过程中，我们邀请国家督学成尚荣先生、华东师范大学中文系教授王意如女士等专家为我们做《让中华优秀传统文化润泽童心》《传统文化的当代审视》等主题报告，帮助我们深化了对传统文化的认知，让我们对传统文化资源的教学有了更为深入的思考。同时，特聘华东师范大学董蓓菲、王意如两位教授为我们攻关计划的指导专家。她们持续关注课题组的研究动态：研究初期，提出"立意要高、尺子要有、操作要实"；研究中期，又提出"从细节着眼、去粗取精、换位思考、以类归纳"；研究后期，希望我们进一步从"新、实、高、细"这四个方面深入研究，确保课题研究政治站位高、具体途径实、语言学习活、语文特性显。在攻关基地的多次教学实践研究活动中，华东师范大学的叶丽新教授、上海师范大学的丁炜教授等也多次给予我们指导，他们评价攻关成员的课堂"准确、善教、善学"，希望我们立足统编教材中的传统文化资源来提炼文化要素，从内容而非形式上进行分类。上海市教委教研室教研员薛峰老师、邹一斌老师等多次指导我本人以及攻关成员的课堂教学，为我们精准把脉，称赞我们的寓言教学路径清晰，把握精准，认为我们的古诗词教学定位准、有质量、有深度。我们还多次和上海市"双名工程"高峰计划谢江峰基地、攻关计划景洪春基地进行联合教研，一起进行古诗词、神话故事、文言文、成语等传统文化资源的教学实践探讨，探究其教学基本路径。特级教师徐玉兰、李伟忠等多次给予我们指导，帮助我们形成口语交际、习作教学等案例。还有许多默默地在背后支持、鼓励我们的上海市教委、教研室，松江区教育局、教育学院主管部门的领导，以及我可亲可敬的同事、实验学校的老师……有你们，才有了《小学语文统编教材里的传统文化》。

　　深夜，灯下，长长地回眸。我和我的伙伴们在传统文化的濡染中成长的点点滴滴如电影一般在我脑海中一帧帧浮现。我们以"传统文化"的名义相遇，我们被"传统文化"的气息濡染，我们在"传统文化"的实践中相知，我们永远行走在"传统文化"资源研究的路上……

樊裔华

2021 年 6 月 18 日

203